実況│**比較西洋建築史**講義

LIVE LECTURE:
COMPARATIVE HISTORY OF WESTERN ARCHITECTURE

中谷礼仁

Norihito Nakatani

インスクリプト

歴 史 は 比 較 の 実 験 で あ る

≫宇宙からの物体Xとしての西洋建築

　この講義で扱う建築は、主に古代ギリシアからルネサンス初期までの西洋建築です。それらの建築は、現在においてどのような意味をもつのでしょうか。もうほとんど現代に関係しない建築なのでしょうか。そんな疑問が解消するかどうかは、ひとえに授業の進め方にかかっていると思います。

　2500年前につくられたアクロポリスの丘に建つ《パルテノン》の信じられない精度、ローマ市内にいまでも完全な球体を収容して辺りを制圧する《パンテオン》、彼方の山地から都市へ飲料水を供給した巨大な水道橋、シャボン玉のように膨らんだ屋根をもつ《アヤソフィア》など、それらの威容はいまでも圧倒的です。現代の常識では推し量れない謎に満ちたその姿は、私にとって、もはや得体の知れない「宇宙からの物体X」なのです。なぜ、どのようにして、当時の人たちはこんなものをつくったのでしょうか？ 実際の建築を見た者ならば、すぐさまその問いに魅了され始めるでしょう。

≫あったものから、いまそこにいるものへ

　では、そんな得体の知れない存在としての歴史的な建築は、いつ生まれるのでしょうか。それは、読者がその建築を教科書のページから引き剥がして、実際の重さや軽さを感じたときです。言い換えれば、「書かれてあったもの」から、「いまそこにいるもの」への転換が起こったときです。そのとき人々は、歴史のヴェールによって隠されることのない、その遺物の真価をいきいきと感じ、尊敬することができます。私が思う建築史とは、建築史というヴェールで建築を包み込むことではなく、むしろその建築史のヴェールを剥がして、存在そのものへ可能な限り近づく方法です。この考え方は、私の行う建築史の講義全体に流れているものです。

　私の勤務する早稲田大学では、学生たちはこの講義で初めて建築史という学問に遭遇します。スマートな学生ほど、高校時代の暗記ばかりの歴史を思い出して、やや不審な目で私の一挙手一投足を見ています。この選択授業が半年間つき合うに値するものなのかを見定めようとしているのでしょう。そんな光景から始まる講義の記録が、この書籍です。

≫比較という実験

　そんな彼らの先入観を取り去り、先のような建物の魅力に到達するための方法を伝えたい。そう思いながら授業に取り組んでいるのですが、このときに古来から使われてきた「比較」という手法は有効です。例えば、建物見学は1日に2つ以上見たほうがいいでしょう。ひとつだけではその建物がなんとなくありがたいもののように感じられるくらいで、それ以上追究したいという気持ちはなかなか湧いてきません。しかし2つ以上見ると、それらがたとえ何であっても、人間の無意識は併存するそれらを比較し始めます。そしてその2つ以上の建物の間にある時間的、空間的なギャップを見出し、なぜこのギャップが起こったのかを自然と考えるようになります。このとき、お互いの建物はお互いがいることによって、その性格を表出させることができ、私たちはそれらを見出すことが可能になるのです。

　本講義では、この「比較」という手法を、互いに遠い建物や事象に意図的に当てはめることで、通常では考えられない時間的・空間的な幅を実験的に生み出そうと試みています。そういうわけなので、本書を読まれた方は、この講義を初めて受けた学生と同じように、最初は戸惑うかもしれません。けれど、そこにいつも「比較という実験」があることに気がついてもらえれば、楽しく読み進めていただけるのではないかと思っています。そういう意味では、前作の『実況・近代建築史講義』よりもライブ感が増えています。

≫この講義で用いた教科書について

　また、本書だけで西洋建築史を理解しようとすると、唐突な飛躍にやや戸惑うかもしれません。この講義で用いた教科書は、定番の図集『西洋建築史図集（三訂版）』（彰国社）です。この本は詳細な解説（情報はやや古風ですが緻密です）を後半にまとめ、とにかく建築写真で時代を見せようという意図でつくられています。そのため、講師や学生の考え方、見方によってさまざまな想像が可能となります。講義中の飛躍や逸脱を許してくれるのは、ひとえにこの図集の安心感があるからです。可能であれば、是非それを手もとに置いて読み進めてください。同図集に収録されている白黒写真は相当古いものですが、それがむしろ、想像力を掻き立ててくれます。

　基本情報の確認や最近の研究動向を踏まえた文章表現について、建築史の俊英である伊藤喜彦氏に校閲をいただきました。記して謝意とします。

目次

III　漂う建築史

[**付録**] 実況・比較西洋建築史講義地図

I

建 築 史 の レ ッ ス ン

第 1 回

世界建築史ゲーム
2つ以上の事物のあいだで

　今日は「世界建築史ゲーム」をします [**fig.1**]。
　その前に、まずはこれから始まるこの講義全体の目的を説明しましょう。この講義では、主に西洋における古代（クラシック）から近世（ルネサンス出現）までの建築と、それに対する建築史の見方を学びます。建築を歴史的に考える「建築史」という学問は、西洋建築の流れから生まれました。日本の現代建築が世界の建築のなかで独自の地位を獲得するに至り、西洋建築史は是が非でも学ばなければならない学問ではなくなりましたが、建築とは何かを考えるうえでは、やはり依然として重要です。加えて、この講義は大学2年生用です。つまり、大学で専門科目を学ぶ第一歩の授業になります。ですから、建築史という学問の入り口として、その面白さ、奥深さも伝えていきたいと思っています。そのために、多少の実験を加えるのが私の方法です。世界建築史ゲームがこの講義の最初に置かれているのは、そうした理由からです。

≫建築史学の誕生

　さて、建築史が扱う対象は原始住居からですが、建築史という専門的な学問自体が生まれたのは結構新しくて、17、18世紀以降と考えられています。それと比較して、これまで皆さんが勉強してきた一般史は、はるか昔から記述されています。
　例えば、最初の歴史書と言われているギリシアのヘロドトス（Herodotus, B.C.485頃-B.C.420頃）の『歴史』は紀元前5世紀に書かれています。また、日本の『古事記』は8世紀初頭には成立しています。
　しかし、建築史は主に近代初期の国民国家をつくり出そうとする運動との連関で、「私たち」の建築とはいかなる歴史をもつかという探求から始まりました。それは、すでに大洋を越えて縦横に展開していた当時のグローバリゼーション（近代世界システム★1）のなかで、「待てよ、私たちの国、そして文化とは何であったろうか?」と振り返り、疑問

fig.1　世界建築史ゲームに
用いるカード
著者撮影

をもつことが端緒となったのです。

　要は、建築史という学問は、近代化に向かってフラットになりつつあった世界の各地
で、それぞれが自分探しをしようとした学的追求の結果のひとつです。建築は、地域に
根ざし、かつ高度な工学や芸術分野を総合的に体現しているという意味で、その地域
の素晴らしさを語るための絶好の対象だったのでしょう。しかし、その価値の重みは、見
栄えほどには安定していませんでした。建築の実体はまったく変わっていないのに、その
歴史的意味づけが時代によって相場のように変動するのです。

　例えば、《日光東照宮》は江戸時代から豪壮な墓廟建築として有名でしたが、20世
紀前半になり日本にモダニズム的美学が生まれると、その影響を受けた建築家からは
装飾過多と非難されるようになりました。しかし戦後、現象を体系的に理解しようとした
構造主義思想の台頭とともに、日本の文化における多様性を物語る代表作として再浮
上しました。

　このような評価づけの不安定さのみならず、新しく編年を変える――年代を遡る、下
る――ような実証的発見があれば、歴史はそれに従って改訂されます。その意味で、過
去は変わらないものなのではなく、常に現在の研究の動向によって変わっていくものな
のです。歴史を学問として学ぶ者は、歴史学のそうした性格にとても敏感です。せっか
く実証的に年代を確定しても、その価値や意味はその時々の社会によって予想以上に
変転していきます。つまり、歴史は狂信的な価値をも生み出す「飛び道具」でもあり、そ
れを安全にうまく使いこなすには相応の熟慮や経験が必要になってきます。

　もう少し話を進めてみましょう。歴史は時間に関係します。私たちが普段から使ってい
る「過去、現在、未来」という考えは、普遍的なものではありません。例えば、某国の

言語には、驚くことに過去形がないといいます。すると、想像をたくましくすれば、「私は3日前に彼女に会う」とか「彼女は50年前に死ぬおばあちゃんの墓に1カ月あとに行く」などという文章が出来上がるわけですが、これはなかなか面白い世界観ではないでしょうか。過去形をもつ地域とは違った世界観が生み出されているのではないかと感じます。

　つまり、過去形そのものが、実は特殊な認識のフィルターなのです。私たちは、いまここにあるものを見つめているのですが、そのなかに「過去」を見出そうとします。何のために？ それは、出来事が生まれた順番を整理して、腑分けして、自分にとっての近さ、遠さという空間をつくり上げるためです。それによって、人は安定した出来事の順番を構造的に理解しようとするのです。だから私たちは、「過去」という概念を獲得することによって、初めてそんな安定した歴史空間をもつことができる。私たちは歴史によって、現在を「調律」しているとも言えます。

　そこでそのような世界を安定させる「調律」作業を自分たちでもやってみようというのが、これから行うゲームの主旨です。

》世界建築史ゲーム

　皆さんにお配りしたプリントに、今日のゲームのルールが書いてあります[fig.2]。

　このゲームでは、時間的順序がバラバラになってしまった建築的事象（ページ）たちを安定した順番に置き直すのが目的です。その並べ直しは、以前あったはずの順番を復元することが必ずしもよいのではなく（そもそも完全には戻れません）、並べ直したページの順番が、「なるほど、これは自然だ。もっともらしく読める」という物語を構成している場合をよしとします。

　具体的な手順は、ルール①から④のとおりです。

　次回の講義開始時に提出してもらい、その後、優秀作品を講評したいと思います。

　なお、自分でつくった3枚目のカードは来年度の学生に使ってもらうようにしますので寄付してください。

　よい結果にするためのコツは次のとおりです。

・教科書を開いて、その建築の正体探しをしない（そもそもルール違反です）。

・なるべく離れた、でも何か関係していそうな建築の描かれたカードを自分の勘を頼りに選ぶ。

・その間を埋めるカードの完成度にも留意する。

・説明は無理なく書けるようにする。

世界建築史ゲーム

ある日、小さな地震があって世界の建築を集めた本が落っこちて、

ページがバラバラになって、

おまけに何枚かなくなってしまったとしなさい。

ページの順序がわからないので、自分でうまくそれをつなぎ合わせるしかない。

やっているうちに、だんだん面白くなってきた。こうなったら、なくなったページの部分も

考えてみるとしよう……。

〈ルール〉

①用意したおよそ400枚のカードから好きなカードを2枚選びなさい。

② A3のケント紙に2枚のカードを貼りなさい。左を古いものに、右を新しいものに設
定する。

③貼ったカードの間に、2枚のカードをより明瞭に関連づけるもう1枚のカードを自分
でつけ加えなさい。

④3枚のカードを関連づけた世界建築史の物語を書きなさい。

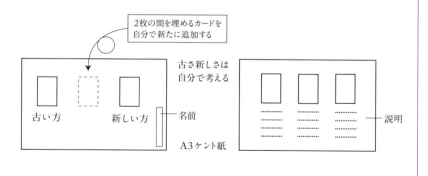

fig.2 「世界建築史ゲーム」課題プリント

≫歴史とは何か

　さて、このゲームの明瞭な目的と種明かしは次回の講義で行いますが [**COLUMN 1参照**]、簡単にその狙いをお伝えしておきます。まず強調しておきたいのは、有史以来、あらゆる地域で、同じ手法で、中立的に、毎年の事象を記録してきた「永遠の書記官」がいるわけではないということです。また、もし仮に誰かがそんな永遠の書記官になりたいと思ったとしても、いずれ時代はドラスティックに変わり、その人の書いたものの意味づけが異なってしまうのですから、これは基本的に無理な話です。中学校や高校の歴史の教科書を読むと、ついそんな人々がいたかのように錯覚するのですが、それは後代の研究者の努力によるものなのです。

　考えてみてください。そもそもそんな書記官の記録があれば、歴史学者は初めから必要ありません。つまり、歴史学はその対象とするものの正体がわからないからこそ成立しているのです。

　すると歴史とは、類推（合理的比較）によって、最もありうる（蓋然性の高い）、納得しうる完成度（共有可能であること）を、自律的に（そう簡単に時代に左右されないように）綴った物語になるのではないでしょうか。そのように定義すると、これまで歴史は暗記もので、想像力の欠片もない学問分野であると思っていた人は驚くと思います。しかしながら、この定義は正確です。ですから、歴史の第一の定義とは、

> 歴史とは、そこにある（あった）もの、そのものではない。歴史とは、見出されたものである。

となると思います [**fig.3**]。

fig.3　定義１：歴史とは、そこにある（あった）もの、そのものではない。歴史とは、見出されたものである

さらに、私たちの扱う対象は、それに遭遇した人間の類推行為がその対象に意味を与えてこそ歴史をもつのです。歴史学とはそのようにして検討、構築された結果としての「想像的な時空」のことです。その時々において、歴史家は自らがつくり上げた時空が厳密で妥当であることを願っていますが、その後、何度もバージョンアップされていくに違いありません。

そして、歴史を発生させる発端には、具体的な対象が存在しています（逆に、想像から始まる歴史は、具体的な事物による裏打ちがなされなかった場合、単なる妄想になってしまいます）。その想像的時空を発生させる事物は、必ず「2つ以上」存在しています。例えば、これまで見たことがなかった建築物に遭遇して、その建造物が何であるかを考えるとします。そのときには、自分がすでに知っている建築物を少なくともひとつ以上思い出して、それらとの比較のなかで、目の前の建造物の性質を推測しているはずです。歴史的な想像を生み出すためには、ほかとの「比較」という類推行為が必要不可欠です。それゆえ歴史のもうひとつの定義とは、

> 歴史とは、少なくとも2つ以上の事象の間に発生する想像的な時空のことである。

ということになるのだと思います [**fig.4**]。「もの」と「人間」との深い関係のなかに歴史空間が生み出されてくるのです。

この講義の教材は、定番の日本建築学会編『西洋建築史図集』★ᴬを使用します。本書は図版だけが先に提示され、その説明は巻末に集約されています。それゆえ、私たち

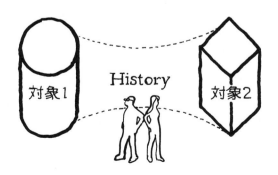

fig.4　定義2:歴史とは、少なくとも2つ以上の事象の間に発生する想像的な時空のことである
fig.3,4 著者作成

に「2つ以上」の事象の比較を誘ってくれる構成になっているのです。このような考え方のもとで、本講義は、この「2つ以上」を意識し、過去と現在の事象や、建築とそれ以外の分野などを比較して論じ、新しい見方を誘うことにも力を入れていきます。

≫歴史を「つくる」

さて、一般的に学問とは、何であるかがわかっていない対象をプロファイリングして、その正体を明示していくことです。ところが、このプロセスを悪用することも可能です。他山の石として、いくつかの事件を紹介しておきましょう。

▶ ベリンガー事件

数多ある捏造事件のなかでも最も興味深い事件は、ヨハン・ベリンガー（Johann Bartholomew Adam Beringer, 1670?-1738）による18世紀初期の化石発掘作業にまつわる事件です。彼はドイツのヴュルツブルク大学の医学教授でしたが、化石の研究者でもありました。当時はまだ化石が生み出される科学的プロセスが解明されていない時代です。そんなある日、ベリンガーの日頃の態度を快く思っていなかった同じ大学の関係者たちが、彼を陥れるために一計を案じました。彼らは化石を石工に彫刻させ、ベリンガーに見つけ出させたのです。その「化石」には、鳥、カエル、トカゲなどさまざまな動物が彫刻されていました。謀略の首謀者2人はそれがジョークであることをわからせるために、化石にはなりえない蜘蛛の巣、彗星の光跡、そしてラテン、アラビア、ヘブライ文字の彫刻までも紛れ込ませておきました [**fig.5**]。しかし、当時最大級の「発見」に興奮したベリンガーにはそのジョークが通用せず、彼は調査報告書まで刊行してしまったのです。報告書のなかでは、人為的な鑿（のみ）の跡が明瞭に見られる「化石」に対しても、これを「神の手」によるものだとしてしまったのでした。つまり、ベリンガー自身、明らかに彫刻と認識していたにもかかわらず、それを神の手によるものだと正当化することによって、化石理論が生み出されてしまったのです★B。

▶ ピルトダウン人事件

社会的に深い傷跡を残した事件としては「ピルトダウン人」が挙げられます。その深い傷跡とは、化石人骨の偽造と、それによる他論文への長い間の影響です。舞台はイギリスです。20世紀初期（1908-1915）に、旧サセックス郡のピルトダウンという場所から、アマチュア考古学者だった弁護士チャールズ・ドーソン（Charles Dawson, 1864-1916）

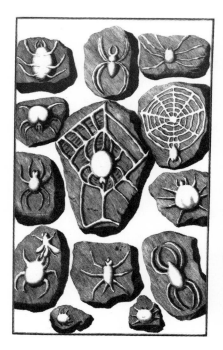
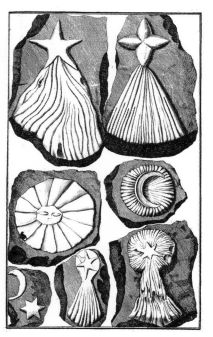

fig.5 ベリンガー編集による化石集より、蜘蛛（左上）、
彗星（右上）、ヘブライ文字（右下）の「化石」
出典：Johann Bartholomew Adam Beringer,
Lithographiae Wirceburgensis, 1726

とその協力者たちが、極めて古い人類のものと思われる頭骨破片を発見したのです。それ
は、最古の人類という意味を込めて「エオアントロプス・ドーソニ（Eoanthropus
dawsoni、ドーソンの夜明けの人の意）」とまで命名されました。時折しも世界各地で最
古の人類発見競争が過熱しており、そこにイギリスのナショナリズムがくっついたわけで
す。この成果には、人類学、地質学、先史学の諸権威が加勢しました。しかし、その骨
の形は、その後、徐々に発見される最古の人類の骨のシリーズからは明らかに逸脱し始
めました。1949年、大英自然史博物館でこの骨に対してフッ素年代測定が行われ、最
終的に、それが化石化した現在の人類とオランウータンの骨を人為的に組み合わせた
ものであることが判明しました。この事件の根深いところは、この捏造が確定するまでの
数十年の間に、200以上の関連論文が生産されてしまったことです。この偽造化石の
犯人についても諸説入り乱れ、ドーソン自身以外にも、探偵小説家のコナン・ドイル
（Arthur Conan Doyle, 1859-1930）や、ドーソンに恨みをもっていた博物館助手までも
が疑いをかけられました★2。

▶ ゴッド・ハンド事件

　このような事件は日本にもありました。その主役はあるアマチュア考古学者で、彼は
当時、石器発見の名手として「ゴッド・ハンド」と呼ばれるくらいの有名人でした。この事
件は日本の考古学の根拠をなし崩しにしてしまった出来事でした。

　日本で旧石器時代があったことを実証することは非常に困難でしたが、考古学者の
地道な努力によって、約3万年前から1万2千年前の後期旧石器時代くらいまでは確
実に遡ることができるようです。このような足踏み状態が打破されるのは、1980年代、
その「ゴッド・ハンド」氏が活躍を始めてからです。彼と彼の属するグループによって東
北地方を中心に、前期旧石器時代・中期旧石器時代が日本に存在したという証拠が
次々に「発見」されたのです。その結果、日本の旧石器時代は約70万年前まで遡ると
されました。日本の歴史はそれによって華やかに塗り替えられていきました。

　しかし、2000年11月に彼が宮城県上高森遺跡の発掘現場で石器を埋めるところを
毎日新聞がスクープし、旧石器発掘捏造を報じたのでした。当時載せられた記事のひと
つにはこうあります――「掘って」「置いて」「固めた」。つまり、彼は別の場所で発掘さ
れた埋蔵物を持ってきて埋めたのです。埋蔵物の年代判定は、それが埋まっていた地
層年代によって推定されます。ですから、埋蔵物の位置を移動するという、彼の極めて
単純な行為によって、定説はガラリとその内容を変えてしまったのです。人間、そして、

学者はそんなことをしないという信頼があったがために、この事件は起きてしまったわけです。それを防ぐ方法は私には思い浮かびません★3。

　さあ、ゲームを始めましょう。

★1　イマニュエル・ウォーラーステイン (Immanuel Wallerstein, 1930-2019) が著書『近代世界システム』で展開している概念。大航海時代から始まる略奪、植民地化、交易などを通して西洋は富を獲得し、反対に東洋では資源を奪われた。I・ウォーラーステイン『近代世界システム (I-IV)』(川北稔訳、名古屋大学出版会、2013 [原著 1974-2011]) 参照。
★2　「ピルトダウン人事件」の犯人について、2016年にドーソン以外に捏造は不可能との研究成果が出た。
　　　「科学史上最悪の捏造事件、真犯人は…　英博物館が特定」(「朝日新聞デジタル」2016.10.19)
　　　https://www.asahi.com/articles/ASJBM23NWJBMULBJ001.html
★3　この発言に動揺した学生が思いのほか多いので、以下に私の歴史学についての見解を述べておきます。
　　　歴史は後追いの推理に似ています。歴史学者はいわば遅れてやってきた名探偵です。名探偵は想像力と断片的に残った証拠 (かたち、記録) を駆使して、誰もが納得せざるをえない見事な「真実」の物語を提示しました。しかしすでに、「真犯人」はこの世のものではありません。いや、もしかするとその存在は、ある事件を成立させるために想定せざるをえなかった架空の存在かもしれません。結局、「正しい」答えは永遠に宙づりにされたままであり、名探偵が残した見事な推理のみが残りました。それが歴史です。
　　　それゆえ私は、どこかに必ずあると信じられている他律的な正しさ、正確さを歴史追求のゴールにすることはしません。私が追求している歴史とは名推理です。本書の言葉を繰り返せば、それは「類推 (合理的比較) によって、最もありうる (蓋然性の高い)、納得しうる完成度 (共有可能であること) を、自律的に (そう簡単に時代に左右されないように) 綴った物語」となります。その推理自体が普遍性をもつこと、これが究極の目的になるのだと思います。それゆえ歴史は相対的な見方に過ぎないというニヒリズムも否定されます。
　　　ノーベル賞をもらった歌手が若い頃に歌いました。
　　　"The answer, my friend, is blowin' in the wind". (友よ、答えは風に吹きさらされている。)
　　　物干しに1枚残ったハンカチのように、答えは風の中でひとりで屹立しているものなのです。

参考文献・資料
★A　日本建築学会編『西洋建築史図集 (三訂版)』(彰国社、1981)
★B　スティーヴン・ジェイ・グールド『マラケシュの贋化石——進化論の回廊をさまよう科学者たち (上)』(渡辺政隆訳、早川書房、2005)

COLUMN ▶ 1

世界建築史ゲームの結果発表

　世界建築史ゲームの優秀事例を発表しましょう。どのようなものが優秀になるのか、このゲームの狙いは何だったのか、といったことを作品例を通してお見せしていきます。事例を3つの系列に分けて発表し、それぞれの作品について講評していきましょう。

▶ シンプル系列

　ひと目でわかる、わかりやすさが突出している系列です。わかりやすいというのも重要なことなのです。特に、形の歴史を扱うときは、わかりやすくないといけません。優れたものはだいたいわかりやすく、二流三流になると、余計なものが取り入れられています。

　この作品のタイトルは「ガス王の歴史」。素晴らしい。もう文章を読む必要もありません。ガス王がいて、最初の原始的なガスタンクから、死んだらこうなっていったというものでしょう。こちらの作品では、一応それぞれの作品名を書いてくれていますが、出題のときに作品名や時系列は気にせず明記しなくてもよいと言いました。それでも、ガス王ということ自体がフィクションなので、何を書いても問題ありません。作者の学生は今日の発表には来ていないようですが、もしかしたら、歴史学の真髄を表層的にわかってしまい、出題以降、西洋建築史の講義に来ていないかもしれないのでは、と思うくらいわかりやすい作品です。

作成：田嶋玲奈

▶ 文学系列

　次は文学系列です。シンプル系列の作品と比べると無理しているものもありますが、解説をしっかりと書いていて面白いところもあるのでそれを紹介します。映画のようなシーケンスで、わかりやすく素晴らしい作品です。

――学生：1枚目ははるか昔の設定です。食糧とかもうまく確保できないくらい設備も整っていなかった時代、人々が食に飢えないように村の外れに欲の神様の石造をつくりました。そして、少しでも多くの食糧を取れるよう願いを込めて口やそのほかの顔のパーツの穴を大きくして、すべての願いを吸収でき

るようにしました。石造を崇めて生活をしているうちに、人々はだんだんとその口の中へと入っていきたいという好奇心をもつようになりました。その口に吸い込まれていくうちに、人々はアーチ状に見える木の空間に居心地のよさを感じるようになりました。そして、結局何百年後にもこの形を崇拝して、文明が発達したときに巨大なアーチ型の建物をつくり始め、欲の神様は食糧とか知識とかを欲した神様だったので、その空間は食堂や図書館になりました。

　ありがとうございました。非常に面白い作品です。口を見ていたら奥行きを感じ、またその口は欲の神様の

ものなので何でも吸い込んでいく
のです。説明書きにも「自分たち
自身も引き寄せられていった」と
書いてありますが、それが奥という
問題を発生させました。そして自
然に発生したアーチによる空間
に気づき、さらに奥という空間を
展開させるために無限の空間とし
てヴォールトが続いていく建築に
なりました。歴史的に正しいかは
わかりませんが、詩的なつながりと
してすごくよいと思います。

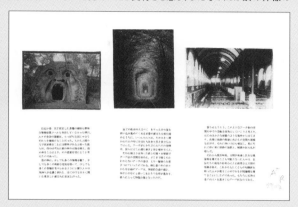

▶擬系譜系列

　最後の系列は僕のなかで最高レベルのフィクション作品です。

——学生：教会のてっぺんがどのような変遷を辿ったかを書きました。一番左の図は、資材不足のために教会のてっぺんにはデザインが施されず尖塔に馬具を使っていましたが、それが原因で馬が撃ち殺されたという伝説が描かれたものです。その後、真ん中の地域ではすごく馬を大切にしていたのですが、馬が撃たれたという伝説を聞き、教会の尖塔にはデザインを施さなければならないと考えて、右の写真のような馬の蹄を模したタマネギ型にしたという物語です。

　真ん中の写真の地域で馬を所
蔵しているというのが効いていま
すよね。たしかに教会の周辺にあ
るものが馬に見えます。彼らは馬
が死んだのを嘆いて、教会を馬
のようにつくろうと思った。そうか
も、と思ってしまう物語ですよね。
ロシア正教会に出てくるタマネギ
型のアーチが実は馬蹄形から来
ているという話は、実際には無理
があるのですが、形のもつ意味に
ついてのセンスがあり面白いと思
いました。

作成：軽部蘭

第 2 回

伊 東 忠 太 の 世 界 旅 行

パ ル テ ノ ン × 法 隆 寺

≫日本の建築史をつくった伊東忠太

　今回は、力作が集まった「世界建築史ゲーム」[**COLUMN 1参照**] の裏づけとなる、明治時代のある建築史研究者の活躍を紹介したいと思います。

　私たちが前回の講義で試みた「世界建築史ゲーム」には、建築史で世界の時空間を調律できるかという結構まっとうな問題が込められていました。この問題にまっさきに直面したのは、日本近代最初期の建築史家として名を成した伊東忠太 (1867-1954) でした。

　伊東忠太は、特異な汎アジア的な建築の将来像を掲げた建築家でもあり、筆舌鋭い最初期の建築評論家でもありました。彼は1892 (明治25) 年に帝国大学工科大学の造家学科を卒業して、翌年に「法隆寺建築論」★Aという画期的な論文を書きます。当時の建築史学は西洋建築を主な対象としていましたが、彼はその理論を日本建築に当てはめ、日本建築史を再構築しようとした最初の人でした。その後、東京帝国大学教授になり、退官後は早稲田大学の教授を務めています。

　彼の設計作品のいくつかを見てみましょう。まずは京都にある《旧真宗信徒生命保険株式会社本館》[**fig.1**] です。いろいろな世界の様式が混じっている建物ですね。躯体はレンガと石張りがストライプ状に並ぶイギリス風のクイーン・アン様式、壁面の見切りには持ち送り、その上には欄干、そしてさらにイスラム様式のドームが載っています。1階正面入り口上部のアーチがあるべきところには、「人」の字のような不思議なデザイン処理がされています。これは「人型割束」[**fig.2**] と呼ばれており、彼の業績を語るうえで重要なモチーフでもあるので覚えておいてください。いずれにせよ、こんなにもいろいろな世界様式を折衷した建築家は、世界広しといえども少ないのではないかと思います。

　早稲田に通う皆さんが一番見に行きやすい代表作は《築地本願寺》[**fig.3**] でしょう。私は小学生の頃、駅を乗り過ごして、偶然到着した日比谷線の築地駅から地上に上

fig.1　伊東忠太《旧真宗信徒生命保険株式会社本館》
（1912）KishujiRapid（CC BY-SA 4.0）

fig.3　伊東忠太《築地本願寺》（1934）
Wpcpey（CC BY-SA 4.0）

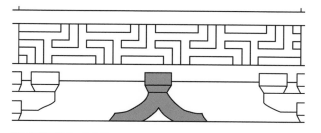

fig.2　人型割束（グレー部分）

がったときにこの建築に出あいました。その佇まいがあまりにもインドすぎて、一瞬その
所在地が築地であることを忘れ、自分がいまどこにいるのかわからなくなってしまうぐら
いの強烈な印象をもちました。日本建築史の創始者は同時にこんなことができてしまう
人物だったのです。

≫法隆寺建築論

　彼が学生として帝国大学で学んでいた19世紀終盤の建築学は、西洋の教育体系を
移植して構築されたものでした。当時の西洋では、西洋建築史のみならず、イギリス人
研究者のジェームス・ファーガソン（James Fergusson, 1808-1886）を中心に、すでに

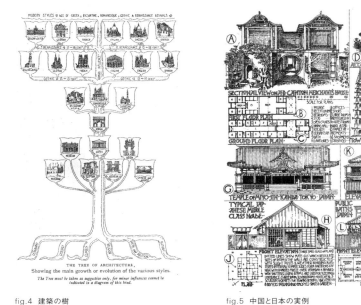

fig.4 建築の樹 fig.5 中国と日本の実例

fig.4,5 出典：Banister F. Fletcher, *A History of Architecture on the Comparative Method*, Fifth Edition, 1905

インドを中心とした東洋建築史が構築されようとしていました。東洋の国である日本の建築学徒は、それらの研究にどんな東洋像が込められているかまっさきに知りたくなったことでしょう。その背景を感じるには、専門家の間にのみ流通していたファーガソンより、やや時代を下りますが、当時日本でも翻訳されたフレッチャー親子（Banister Fletcher, 父:1833-1899、子:1866-1953）の著作『比較法による建築史』★1 を紹介するのがいいでしょう。

　同書は各地の建築史の専門家の作業を下敷きに、「世界建築史」を初めて記述しようとしたものです。とりわけ重要なのは、同書第5版（1905）に掲載されていた1枚の系統図です。「建築の樹（The Tree of Architecture）」と題されたもので、世界各地の建築の系統を樹形図として描いたものです [fig.4]。フレッチャー自身も示唆程度に留めるようにと注意書きをしてはいますが、この図の影響力は大きかったと思います。

　まず、建築の樹を育てる根は「地理」「地質」「気候」「宗教」「社会および政治形態」「歴史」となっています。そして、それによって生まれた建築の樹には、中心の幹のほかにいくつかの分枝が描かれています。主幹は当然のようにヨーロッパの建築です。枝は

ペルシア、エジプト、メキシコ、インド、そして中国と日本です。特に中国と日本の建築文化はいまにも枝払いされそうな、ごく最初期に分かれた傍流なのでした。愛国心に燃える当時の帝国大学の学生たちは、この「建築の樹」を見て衝撃を受けたと思います。

同書第5版で中国と日本の実例が紹介された図版のページも見てみましょう [**fig.5**]。日本建築の例は図のⒼⒽⓀⓁの4つが載っています。Ⓖには神社の代表として「神田明神」が挙げられています。いきなり渋いところをついてきますね（笑）。Ⓗは「代表的民家」。これはいいとして、次にⓀは「日本の料理屋」とあります。え!? 法隆寺も東大寺もないのでしょうか。いったい情報源はどこだったのでしょうね。最後のⓁが「公衆浴場」です! なぜ、この4つの建物が選ばれたのか、まったくわかりません。これをもって日本建築の実例というのは、かなり特殊な情報源です。後年のフレッチャーでもこうなのですから、伊東忠太が学生の頃の西洋による東洋、そして日本建築の理解には憤慨するところも多かったはずで、伊東はこの状況を打破しなくては、と思っていたわけです。

それにやや先んじて、アーネスト・フェノロサ（Ernest Francisco Fenollosa, 1853-1908）というアメリカから来た東洋美術史家と一緒に日本美術の重要性を説いていた岡倉天心（1863-1913）たちが、「奈良の斑鳩にある寺が異常に古いらしい」という情報をつかみ、長い間開かれていなかった夢殿の扉を開き、観音像の美しさに驚嘆し、その寺の美術史的重要性が高まります。その寺というのが法隆寺なのですが、法隆寺はその後、古文書分析や建築実測を通して、建築史的にも現存する世界最古の木造建築と

fig.6　伊東忠太の野帳より
所蔵：日本建築学会　建築博物館

いう稀有な位置に置かれることになりました。前回試した「世界建築史ゲーム」の狙いは、ここにありました。「なにやら古そうだ」という勘から知的探索を始めて発見されたのが法隆寺だったのです。

伊東の法隆寺滞在体験を綴った絵日記を見てみましょう。ちょうど皆さんと同じくらいの年の頃のものです。本当に実行したかはわかりませんが、法隆寺五重塔の一番上の相輪（そうりん）によじ登って、俳句など詠んでいますね [fig.6]。また、彼は化け物を描くのが大好きで、化け物が奈良を襲っている絵なども手慰みに描いています。インターネットがない時代、伊東にとって、書くこと、描くことは一番の楽しみだったのかもしれません。彼は生涯にわたって綿密なスケッチや日記を野帳（スケッチブック）に書きつけました。ほかにも彼は日本建築の懸魚（げぎょ）の曲線を分析したり、地図を描くのが好きなので日本地図を真四角にするとどうなるか描いてみたり、似顔絵なんかも残しています。それから年賀状を出したけど向こうからは来なかった人リスト、明治41年死亡者リストなどなど……。彼の人となりを知るのに重要なこのノートは、現在、日本建築学会のアーカイブに収蔵されて、ウェブ上でも公開されています[B]。

さて、学部を卒業し、大学院に進学した伊東は岡倉天心と親しくなり、さらに法隆寺に興味をもち始めました。伊東忠太も法隆寺の様式が、ほかの日本建築とは大きく異なっていることから、実は異様に古くかつ世界的なものであり、日本建築の誕生を示す重要なものではないかと感じたのです。その詳細（細部、ディテール）は大陸の雰囲気を漂わせ、その構造には野生的とも言える大胆さ、大らかさがありました。彼は法隆寺がもつ、そんな謎めいた様式の数々に興味津々になります。例えば、法隆寺金堂内の釈迦三尊像は朝鮮半島の百済からの渡来人による作とされています [fig.7]。日本のその後のふっくらとした面持ちの仏像と少し違い、百済様式のスレンダーでエキゾチックな顔です。また、光背には火焔と飛天の図柄があしらわれていますが、この特徴についてはのちほど言及するので覚えておきましょう。

法隆寺や唐招提寺の頃の初期仏教建築は柱に特色があります。現在は胴張りと呼んでいますが、柱のなかほどが膨らんでいるのです [fig.8]。その張りの強さはこの時期の建物にしかない特徴です。ほかにも、金堂や五重塔の欄干には、昭和の頃の中華料理屋のラーメンどんぶりの模様のような「卍崩し組子（まんじくずしくみこ）」というパターンがついています [fig.9]。これも法隆寺独特のものでした。そして、彼は法隆寺を実測し、そのような詳細以外にも建築物としてのプロポーションや形の比例を検討しました。

伊東忠太はこうした不思議の数々を研究して、1893年の大学院2年生、26歳のとき

fig.7　法隆寺金堂釈迦三尊像

fig.8　膨らんだ柱（法隆寺東院伽藍廻廊）
663highland（CC BY 2.5）

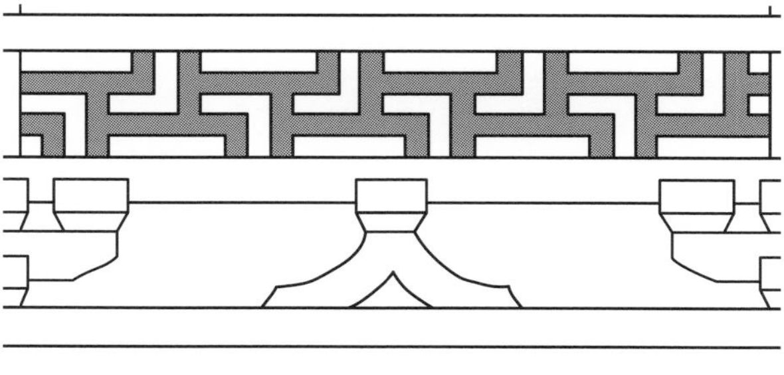

fig.9　卍崩し組子（グレー部分）

に法隆寺の実測をもとにした論文「法隆寺建築論」を『建築雑誌』に発表しました。

　この論文は何度か改稿されていますが、最終稿の緒言には、まず「我が国古代建築の中に就いて、其の輪奐の秀美にして建築の好模範たるのみならず、其の歴史の徴証となり、考古学上の資料となり、以て斯学を開発すべきものを求めて、茲に我が法隆寺を得た」★C、つまり、研究に値する対象を得たとあります。

　また、別の論考になりますが「彼の近視眼なる欧米の諸家は往々我か日本帝国の建築を度外視し、甚しきに至っては即ち我か日本帝国に建築と名つくべき芸術なしと誤認せり」★Dという非難には、先ほどの西洋建築史における東洋・日本建築への無理解への

不満が表れています。

　しかし、本当にすごいのは次に続く彼の考察結果です。彼は「我国建築の術は近く支那印度の建築と親密なる関係を有し、遠く波斯希臘の建築と連絡を通ずる」★D（波斯＝ペルシア、希臘＝ギリシア）と結論づけました。まだ現地を訪問してもいない段階なのに、法隆寺の全体比例や細部に、朝鮮半島や中国、インドとの関連はおろか、時代もさらに千年近く遡るギリシアの神殿建築からの影響を示唆したのです。まるで皆さんが試した「世界建築史ゲーム」そのものではないでしょうか。そして、それを論文にしてしまったのでした。

　これは、通常の日本人のセンスでは思いつくことすらできない内容です。こんな構想が可能だったのは、実は法隆寺を、中国建築を飛び越えてギリシア建築に関係づけ、西洋の樹形のより近い位置に「接ぎ木」しようとする目論見が当初からあったからです。その態度は、西洋中心の世界建築の見方に対する本質的な批判にはなっていないのですが、西洋建築の考え方を援用しても法隆寺ひいては日本建築が優れた世界的存在であることを誇示したかったわけです。

　伊東の最初期の法隆寺論の特徴は、西洋建築学から学んだプラン、エレベーション、プロポーションなどの概念を駆使して、法隆寺とギリシア神殿建築との類似性を主張したものでした★2。彼が証拠とした中門とエトラスカン寺院（エトルリア国の寺院という意味）の比例類似図を見ると、正直、対応関係に無理があります[fig.10]。そもそも「エトラスカン」はエトルリアの建築であって純正なギリシア建築とは言えませんし、伊東自身は

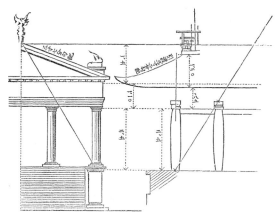

fig.10 ギリシア建築（エトラスカン寺院）と
法隆寺中門の柱とのプロポーションの比較
出典：伊東忠太「法隆寺建築論」★A

その具体的な名前を示してはいません。

　さらに伊東は、法隆寺の胴張りの柱を、ギリシア神殿建築の石柱における同様の技法であるエンタシスに関係づけました★3。こちらの主張は、現在では、法隆寺の世界性を語るものとして、一般に根強く流通している説になりました。

　これら伊東の作業は、日本建築史が当時の社会から期待されていた「想像力」をはるかに超えていました。要は、伊東はやりすぎてしまったわけです。予想どおり、発表当時より塚本靖（1869-1937）ら複数の学界人が、伊東の主張に疑問を呈しました。しかし、伊東はこの説にこだわり同論をアップデートし続け、1898（明治31）年には同じテーマで博士論文を完成させ、1905（明治38）年に東京帝国大学教授に就任したのでした。

≫伊東忠太の世界旅行

　当時帝国大学では、教授へ就任するためには3年間の海外留学が義務づけられていました。伊東はそれを、3年間にわたる世界旅行に仕立て直して大学に申請したのです。行き先はもちろん「西欧」なのですが、そこに辿り着くまでが3年弱という、掟破りのアイディアでした。旅の目的は、いまだ証明できていなかったギリシア建築にまで遡る大陸建築と法隆寺建築との実証的な関係を探すことでした。つまり、「世界建築史ゲーム」で皆さんが行った、2枚のカードをつなぐ真ん中の3枚目のカードを探しに行ったのです。もちろん、1枚目はギリシア神殿建築（《パルテノン》）、そして3枚目は法隆寺です[**fig.11**]。交渉の末、なんとこれが実現することとなり、1902（明治35）年3月から彼の

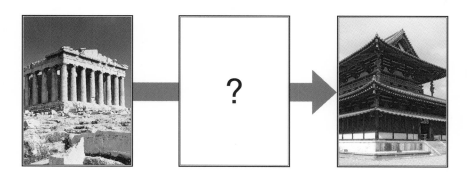

fig.11 《パルテノン》と法隆寺をつなげて考える。2つの間に入るものは?
Steve Swayne (CC BY 2.0)　663highland (CC BY 2.5)

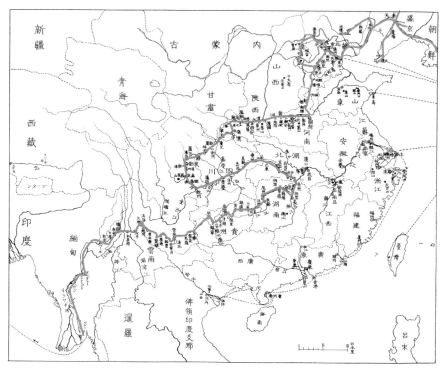

fig.12 支那地方旅行地図（主な陸路をグレーで強調）　出典：『伊東忠太著作集　第5巻　見学・紀行』（原書房、1982）第1082図

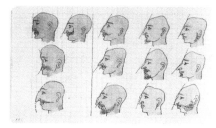

fig.13　伊東忠太の野帳より
所蔵：日本建築学会 建築博物館

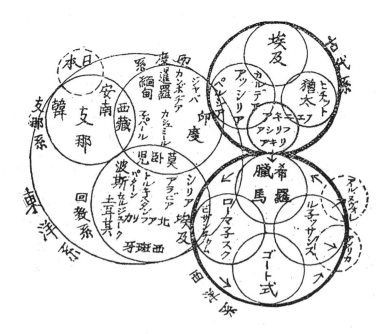

fig.14　伊東忠太による建築世界地図
出典：伊東忠太「建築進化の原則より見たる我邦建築の前途」（『建築雑誌』No.265、1909.1）

世界旅行が始まりました。明治時代おそるべしです。

　助手１名と共に中国各地を東西に奔走し、雲南からミャンマーへ抜け、インドへ航路で渡り、インド各地を回り、その後、紅海を抜け、シリア、トルコ、ギリシア、アレクサンドリア（エジプト）、エジプト各地で調査を続け、ヨーロッパ各地を巡った後、イギリスからニューヨークを経由して1905年の６月に帰国しました［**fig.12**］。

　旅行中、彼は先ほどの法隆寺滞在時のようにノートを記しています［**fig.13**］。地図、自分が見た夢、子どもの顔のスケッチ、カルカッタで病気になったときの病室やスリランカの仏堂の実測。また、各民族の鼻の線の違いや、日本、インド、ミャンマーの建築をそれぞれの民族に擬人化して並べた絵もあります。

　さて、この旅行の結果として、彼は「建築進化論」という業績を残しました。それをもとにして描かれた建築世界地図は、フレッチャーによる「建築の樹」のように世界の中心を定めたものではなく、それぞれの地域の影響関係を描いた、偶然性や多様性をも秘めた図です［**fig.14**］。現代様式に向けて離脱しようとする様式としてアール・ヌー

ヴォーなども含まれていて面白いですね。日本も東洋系にいながら離脱しようとしている。いま見てもそれほどおかしな図ではないと思います。

≫ギリシア建築と法隆寺の間

さて、伊東忠太はギリシア神殿建築と法隆寺の関係を証明するため、それらをつなぐものを探しに世界旅行に出かけたわけですが、これが日本を出てまもなく見つかってしまいます。1902年6月、中国山西省の大同にあまり知られていない寺院があるのを聞きつけ、出向いたところに雲崗石窟がありました。そこは、西暦460年から40年ほどの建設期間に約40窟の崖をくり抜いた寺院の集合体で、東西約1kmにわたっています。現在は世界遺産となっています。彼はその石窟の様式に、法隆寺とギリシア神殿建築をつなげる有力な細部意匠をいくつも発見したのです。

くり抜かれた仏像の光背で舞う飛天の姿意匠と火焔は、法隆寺金堂の釈迦三尊像と同じタイプでした[**fig.15**]。

fig.15 雲崗石窟。向かって右の人物が伊東忠太

fig.16 雲崗石窟第10窟。人型割束と斗栱の組み合わせおよび、イオニア式に似た柱頭をもつ柱がある

fig.15,16 出典:伊東忠太『東洋建築の研究・上』(原書房、1982)

fig.17 《パルテノン》と法隆寺の間に雲崗石窟を入れることで歴史が生まれた!

（その仏像の）多くは其容貌奇古にして我邦法隆寺金堂内の壁画に於けるものと酷似し、(……) 模様の如きは全然我が所謂推古式即ち法隆寺式と符合せり。

——伊東忠太「北清建築調査報告」★E、（　）内引用者

　そして、最も決定的だったのは、ギリシアが淵源と思われる建築的細部の特徴と、法隆寺にあった特異な造形意匠が一体となった事例が存在していたことでした。例えば、第10窟では屋根を支える桁下に、法隆寺金堂の高欄に特有の意匠であった人型割束と斗栱（ときょう）の組み合わせがありました。そして、丁寧にもその横にはギリシア・ローマ式神殿におけるイオニア式に似た柱頭をもつ柱があり、仏上の天蓋を支えているのです [**fig.16**]。

　さて皆さん。伊東による3枚目のカード探しの妥当性はいかがだったでしょうか。私にとって、このギリシア的、法隆寺的な意匠が渾然一体となった雲崗石窟の細部意匠は、悠久の時を経てなお、ギリシア神殿と法隆寺とをつなぐ時空があったことを示すのに相応の説得力をもつと感じます [**fig.17**]。

　しかしながら、ここで建築史学の根本的問題が生じます。事物にはその関係を証明する保証書が同封されているわけではないのです。そのため、伊東がこれだけの発見をしても、それは必ず間接的証拠で終わります。とはいえ、そんな保証書の発見のみが確証の切り札ならば、形態から考える建築史学はその意味を失うでしょう。ですから、私は伊東忠太の発見を最大限に尊重したいのです。

fig.18 伊東忠太による法隆寺金堂炎上の想像スケッチ　所蔵:日本建築学会 建築博物館

　結局、確証が絶対にないのだとしたら、そもそも伊東忠太のこの発見は私たちに何を与えてくれたのでしょうか。それは、世界はこのような姿でつながっていてほしいという願い、希望なのだと思います。だから歴史の2番目の定義は以下のように書き換えてもよいのだと思います。

「歴史とは、少なくとも2つ以上の事象の間に発生する想像的な時空のことである」
↓
「歴史とは、少なくとも2つ以上の事象の間に発生した、世界はこうあってほしいという希望である」

　最後に余談ですが、1949（昭和24）年に法隆寺の金堂内部が焼失する火事がありました。金堂の壁画を模写していた絵師の電気座布団が発火原因となったという笑えない話です。伊東忠太は敗戦後すっかりぼけてしまっていたのですが、この件を新聞で知ると、1枚の絵を描いて東大の後輩の研究室へやってきました。「大変だ、法隆寺が焼けた」。そう語る伊東が握っていたのは、老人が描いたとは思えないほど精密な、炎上す

る金堂のスケッチでした[**fig.18**]。そこには法隆寺にあり、世界に通じていた人型割束が
しっかりと描かれていました。形を信じた人、それが伊東忠太であったと思います。

★1 『A History of Architecture on the Comparative Method』として1896年に初版が出版された。フレッチャー
　　の死後も改訂が続けられ、現在第20版が刊行されている。講義で取り上げた第5版は、日本では『フレッチァア建築史』
　　（古宇田実、齋藤茂三郎訳、岩波書店、1919）として出版された。
★2 「此のプロポーションを泰西クラシック建築に発見するは亦一奇と云はさるを得す、乞ふ試にエトラスカン寺院の形式を
　　見よ、其柱の大きさと柱間との比例、空間の長広の比例、柱以上の諸部の広狭等、何そ夫れ一に法隆寺中門に似た
　　るの甚しきや」（「法隆寺建築論」★A）
★3 「其輪廓は希臘の所謂エンタシスと名くる曲線より成り」（同）

参考文献・資料
★A 伊東忠太「法隆寺建築論」（『建築雑誌』No.83、1893.11）
★B 「伊東忠太資料」（日本建築学会建築博物館デジタルアーカイブス）
　　http://news-sv.aij.or.jp/da2/gallery_3_chuta1.htm
★C 伊東忠太「法隆寺建築論」（『伊東忠太建築文献 第1巻』竜吟社、1936）
★D 伊東忠太「日本建築術研究の必要及ひ其研究の方針に就て」（『建築雑誌』No.92、1894.8）
★E 伊東忠太「北清建築調査報告」（『建築雑誌』No.189、1902.9）
★F 村松伸「鬼神を見た男——建築探検家・伊東忠太」（『伊東忠太 見聞野帖 清國 第II巻』柏書房、1990、pp.255-
　　265）
★G 田中純編『磯崎新の革命遊戯』（TOTO出版、1996）

第 3 回

動 く 大 地 の 建 築 素 材

石 × 土 × 木

　さて、皆さんのなかには、古代ギリシア神殿などがまだきちんとしたかたちで登場していないことに不安を抱いている人がいるかもしれません。古代ギリシア神殿については次回から本格的に取り上げます。本日は、その前にもう1回だけ特別講義的な内容をお伝えします。

　それは私が世界各地の住まいの姿を見るために、ユーラシアプレートの境界に沿って1年弱旅をしたときに得た知見をお伝えしようと思うからです。これによってギリシア神殿建築における石造建築の特性のみならず、土、木などの建築の基本素材が、それによってつくられる建築の形にどのような基本的特徴を及ぼしているのかをお伝えしたいと思います。これは土から生まれたレンガを最大限に利用したローマ建築の発展の前提でもありますが、そもそもギリシア文明以前にまで遡る各種の基本的な建築構法の性格を知るための講義になると思います。

》プレート境界と古代文明圏

　まず、地球がいくつかのプレートで構成されていることは、すでにご存じだと思います[**fig.1**]。その地球のプレートは地上へせり上がったり、あるいは海中へ沈み込んだりして、それによって大陸が途切れることなく動いています。これをプレートテクトニクスと言います。そのプレートのぶつかり合う場所がプレート境界です。そこで蓄積されたエネルギーが、地震を引き起こしたり、火山を生んだり、一方の大地を持ち上げ広大な山脈を形成します。つまり、地球のさまざまな生活環境は、このプレート運動が大きく影響して出来上がっているわけです。

　そのような地球の動く大地と建築の関係のことを考え始めたのは、2011年の東日本大震災がきっかけでした。被災地の調査隊に参加したとき、海中に沈んでなくなってしまった住宅地一帯を見ました。私はその風景に遭遇して相当狼狽しました。なぜなら、

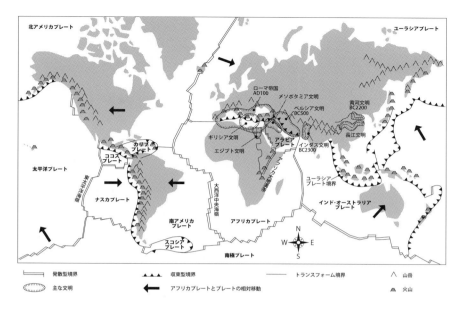

北アメリカプレート

ユーラシアプレート

ローマ帝国
AD100

メソポタミア文明

ペルシア文明
BC500

黄河文明
BC2200

ギリシア文明

エジプト文明

アラビア
プレート

インダス文明
BC2300

長江文明

カリブ
プレート

ユーラシア
プレート境界

ココス
プレート

太平洋プレート

東太平洋海嶺

ナスカプレート

インド・オーストラリア
プレート

大西洋中央海嶺

南アメリカ
プレート

アフリカプレート

N
W　E
S

スコシア
プレート

南極プレート

発散型境界	収束型境界	トランスフォーム境界	山岳
主な文明	アフリカプレートとプレートの相対移動		火山

fig.1　プレート境界図

建築は大地の上に築かれるものだからです。その大地が沈んでしまったのであれば、建築も建築史もその前提からしてなくなってしまいます。そして、大地と建築の問題を根底から考えないと、これから建築史を教えられないなと思いました。そのとき、友人の防災学研究者、牧紀男さんの言葉を思い出しました。「2004年にインドネシアのバンダ・アチェに甚大な被害をもたらした津波のような災害が、いつか日本でも起きる。なぜなら、プレート境界を通じてアジアは日本とつながっているからだ」と彼は言っていました。それが、東日本大震災で実際に起きたわけです。プレート境界について考えるきっかけでした。

　そこで、プレート境界図を開き、日本の属するユーラシアプレートと他のプレートとの境界線の位置を確認しました。すると大きなことに気づきました。日本の属するユーラシアプレートの境界はバンダ・アチェどころではなくて、沖縄から、台湾、フィリピン、インドネシアと続き、マレー半島を北上、ミャンマーの奥地で西に急旋回して、インド・オーストラリアプレート、アラビアプレート、アフリカプレートと接触し、北アフリカとイベリア半島の間のジブラルタル海峡を越えていくのです。

　そのことを踏まえ、その境界の地域を詳しく見ていくと、いわゆる古代文明のほとんど

がこのユーラシアプレート境界付近で発生していたのです。そこにはジャワ、インダス、ペルシア、チグリス・ユーフラテス川流域から始まったメソポタミア、ギリシアを含む地中海、さらにはローマという、主要な古代文明の発祥地が位置しているのです。プレート境界において、地球が放つ莫大なエネルギーが、なんらかのかたちで古代文明の成立にも深く関与しているのではないかと思いました。その関与のあり方は、逆にプレート境界上に位置していない古代文明の例であるエジプト文明と中国の黄河・長江文明の場合でも明瞭でした。少し詳しく説明しましょう。

　まず、これら文明の場所をよく眺めてみると、人間、ひいては文明の誕生には水や河川が必要不可欠であることがわかります。水系は人間やあらゆる生物を潤し、交通輸送の要となるからです。エジプト文明を支えたのはナイル川です。その源流はカイロから遠く隔たった人類発祥の地とも言われるアフリカ大陸中部にある大地溝帯というプレート境界に接続しています。大地溝帯は、プレートが離れていく場所であり、アフリカ大陸を東西に引き裂こうとしている場所です。その運動が地下マントルを上昇させ、地表を隆起させ、亀裂を起こし、高山帯や火山や深谷を生み、水を蓄え、その水がナイルへと到達するのです。

　一方の中国古代文明を生んだ黄河・長江の源流は、先に述べたようにプレート境界がミャンマーの奥地で西に急旋回する四川・雲南地域ならびにチベット高原に隣接する青海省にあります。それには、インド・オーストラリアプレートがユーラシアプレートに衝突して出来上がった皺、つまり山脈が関係しています。具体的には、ホントワン（横断）山脈等によってその水系の源流が形成されているのです。さらにこれらの源流は、ソンホン川、メコン川、チャオプラヤー川という東南アジアへ続く大水系をも形成して、東南アジアの諸文明も生み出しました。つまり、プレート境界から離れた文明圏も、その文明を駆動した主要因である水系がプレート境界から豊富にもたらされ、境界地域とは隔たった川沿いの平地という好条件の都市発展地域で、その恩恵に最大限に浴してきたらしいのです。

　これは青天の霹靂でした。それまで地震というネガティブな現象でしか見ていなかったプレートテクトニクスによる大地の運動が、むしろ文明を発生させてきたのではないか。であれば、是非この境界上を旅してみたいと思いました。この大きな計画を実現させるには、私ひとりの力では無理です。そこで、専門家の話を聞き、現地の研究者に同行をお願いしたり、彼らから教えてもらった論文や著作を読み込んだりしながら、1年間の準備をしました。そして、このプレート境界を4つほどの地域に分け、途中日本に戻っ

て休憩したり、さらに勉強したりしながら、大学のサバティカル制度を利用して、1年弱の世界調査を実行したのです★A。心配してくれた研究者が同行してくれるなど、多くの幸運が重なって実現できた調査でした。本日はその内容を、特に素材の種類という観点からまとめ直してお話しします。

≫ビルディングフッド 人々の暮らしを支える大地からの構法

　現代の建設産業が進出していない地域では、大地の特性が建築のつくり方を決めています。石を多く産出する地域の家は石造ですし、石や木がなければ土を焼いてレンガにし、積み上げてレンガ造にします。その大地の主な素材が人の生活空間を成立させています。これを大地が生んだ空間の構法と呼んで差し支えないと思います。私はそれを「ビルディングフッド（Buildinghood）」と名づけました。人の生活を支える近隣の経

fig.2　ウッタラカンド州サトリ付近モナ集落の住宅の様子。近隣から切り出した石と付近の段々畑（インド）　著者撮影

済的ネットワークを英語で「ライブリフッド（Livelihood）」と言います。そのライブリフッドと大地をつなぎ、空間をつくるのがビルディングフッドというわけです。つまり、人々の暮らしを支える大地からの構法のことです。

　この考え方は、インド北部のウッタラカンド州のモナ（Mauna）という集落を訪れたときに見出しました。その地域一帯はヒマラヤ山脈の麓で、インド大陸とユーラシアプレートがぶつかって形成された高地です。それゆえ、この地域一帯はインドでも有数の地震多発地域でした。一般に、山では都市化が進まないため、伝統的な農耕地区や集落が残っています。北部インドのこうした民家と土地のつながりを調べました。

　ウッタラカンド州の山村住宅は、段々畑の中にできています [**fig.2**]。なぜでしょう。まず、その一帯の大地の地層は、土と岩の層が交互にサンドイッチされ、ミルフィーユのようにほぼ水平にその地層が続いていました。そこで、人々が家を建てるときは、まず、岩の層から石を切り出します。その岩盤は地中の奥深くから隆起してきたため、地中の強い圧力や熱によって変成作用を受けており、硬いけれど層状になっていて簡単に割れ、整形することができました。そうして切り出した建材を岩盤層に直接積むことで、伝統的な切石による組積造の家ができていました。屋根もその片岩を用いた石葺です。

　さらに、建設に用いるための石材を切り出し除去した後の大地を見ると、土の層がすでに露出しています。そこは、畑のベースになっていて、人々は食用や交換経済用にアーモンドなどの果樹を植えて育てていました。ほとんど素材を移動させなくてよく、それゆえに、この地域の住宅は段々畑の付近に自然に建設されているのです。これは建物の建てられ方（ビルディングフッド）と生活の立て方（ライブリフッド）が最も強固に結ばれた事例のひとつでした。相当理にかなった生活空間のつくり方だと思います。

　地球環境とは、46億年間活動した地球時間と地球のエネルギーがつくり上げた構築的結果です。その環境をベースにして、人間が各地で大地に適合しうる生存方法を見出したとき、人間の生活、ひいては文明が発生したわけです。人間が生きるためにはビルディングフッド、つまり大地の素材からつくり上げた空間が必要になります。さらに考え方を展開すると、ビルディングフッドは集落形成の方法そのものです。つまるところ、集落とは大地の素材を皮一枚浮かせて、そこに人間が住める空間をつくり上げたものと考えることができます。すると、何をどのように浮かせて空間をつくるかが問題になるわけですが、その方法は大地が生み出す素材によって異なります。そこで、石、土、木といった素材でどのような構法の違いが出るかを次に考えてみましょう。

fig.3 メイマンドの横穴住居（現イラン） 著者撮影

≫石は建築の父　芸術を生んだ石灰岩

　原始の人類は風雨に侵食されて出来上がった岩盤の洞穴に生活空間を見つけ、さらに、それを削り出すことによって空間の拡張を始めたと考えられます。

　イランのメイマンドという僻地には有名な横穴住居がありました［**fig.3**］。ここは火山の麓で、長年にわたって火山灰や溶岩が堆積してきました。そして、地表の硬い堆積層を屋根にして、その下側の軟らかい堆積層を人間が掘り進めて横穴にしていました。ケーキをくり抜いて家にしてしまうみたいな感じです。このように地層を掘ってできた住宅は世界各地にあります。有名なのはトルコにある世界遺産のカッパドキアです。メイマンドもカッパドキアも同じように火山灰や溶岩の堆積がつくり上げた風景をもとに、横穴を拡張して人々が住み着いたのです。

　また、イランとイラクの国境には石灰岩でできた山谷があり、その谷間にパランガン（Palangan）という集落がありました。映画『風の谷のナウシカ』みたいな場所です。急斜面に人が住み、下の家の屋根は上の家のテラスという感じで、まるで大地がつくった高層マンション状態です。人々はその谷の角度に沿うようにして、あちこちに石を積んで

住居群をつくり上げてしまったのでした。テラスには洗濯物を干す人もいれば、草を食む牛や、サッカーをする少年少女たちもいました。これは大地を「一枚浮かせて」集落をつくる原型として、私に強い印象を残しました。

　そのような石積みの原始的な使い方から遠く離れて、石を材として切り出し、細部を加工できる技術が進むと、石のもつ、圧縮に対する耐力が構法として期待されるようになりました。ギリシア神殿建築に代表される、加工した石を垂直に積み上げてつくられる「まぐさ（楣・柱梁）式」の石造建築の誕生です。しかしながら、石造建築における最大の弱点は、硬いけれど脆い性質（脆性）によるせん断（折れ）にあります。この弱点は、石を梁などの横材に用いたときに顕著に現れます。石梁のせん断に対する弱さを克服するには、その梁材の高さを増やすことが考えられますが、梁の自重がいたずらに増えてしまうことで、建物全体の構造計画に大きな影響を及ぼし、部材比例的にも経済的にも不合理が生じてしまいます。ギリシア神殿で長期にわたって部材の比例関係を検討することが主要テーマとなったことは、以上の石造特有の理由からであると推測できます。〈シュムメトリア〉[第4回参照] といった比例論を代表として、部材と規模の最適解の追求が美の追求となって行われたというわけです。

　また、石のなかでもとりわけ石灰石、ならびにそれが変成化した大理石が神殿建築の素材としてよく用いられたのは、それらが石としての耐久性を確保しつつ、地域によっては良材が豊富であること、比較的軽便なこと、肌理、色目が均質であること、加工がしやすいことなど、建築素材としての優れた点が多いからです。海中の小生物が残した骨や殻などの堆積物、つまり、それらの緻密な塊であった石灰石は、私たちとの生物的な親和性も高いのです。恐竜がいた時代に形成された海底の石灰岩の堆積層は、長い年月をかけて地表に露出しました。人類はこの石材の利点を早くから認め、中近東、地中海地方での大々的な使用が認められます。とりわけその加工のしやすさは、人間に彫刻芸術という重要な技芸を授けました。細部に至る薄いレリーフを可能にさせたのは、骨の塊でもある石灰石の独壇場なのです。

　そういう意味で、石は建築の父です。石のなかでも石灰岩は特別です。地中海文明が芸術において秀でたものになったのは石灰岩があったからだと言えるほど、それは彫刻に適した素材でした。紀元前6世紀頃、石灰岩を使ってできたのがペルシア帝国の古都ペルセポリスでした。この都市は背後にあるラフマト山、訳すと「慈悲の山」から切り出した石灰岩でできています。この建築群に掘られた彫刻は、石灰岩のおかげでまるで生きているような迫真性をもっています [fig.4]。つまりこのペルセポリスと同じく石灰

fig.4　ペルセポリス遺跡の謁見の間に刻まれた生命感溢れるレリーフ。ペルセポリス建設はアケメネス朝期紀元前520年に着手された（現イラン）　著者撮影

岩を利用することが、ギリシア・ローマ時代において具象彫刻が発展した理由です。例えばもし、これが石灰岩ではなく火山岩の一種である玄武岩であったなら、このような細かいレリーフを削ることはできませんでした。

》土は建築の母　文字をも発明した土・レンガ

　次に土です。土ほど地球上において一般的な素材はありません。土は地球の表面に露出、あるいは隆起した各種岩石が風化した結果の微細な破片の総称です。それらは沖積世（完新世）と呼ばれる、およそ1万年前から現在までの間に、山や段丘の侵食風化とともに、主に川沿い、海岸沿いの至るところに堆積したものです。

　しかしながら、土を建築素材として用いるには加工方法の発明が必要でした。その加工方法とはレンガ製造です。低地に溜まった肥沃な土、特に粘土を型枠で整形し乾かし固める（日干しレンガ）だけで、石造のように組積することができるようになりました。寸法が現在までそれほど変わっていないのは、人が片手で持ちうる程度の大きさという、

fig.5　チョガ・ザンビール遺跡。メソポタミア文明の一大国家であったエラムの宗教都市に建設された一辺約100m、高さ50mの日干しレンガによるジグラット（現イラン、紀元前13世紀頃建造）　著者撮影

人間の作業上の普遍的な寸法に深くかかわっているからでしょう。レンガは、人の手によって土くれから空間をつくらしめる偉大な発明のひとつです。また、それに焼成を加えれば、強度は大幅に増します。イランに大きなバケツという意味の「チョガ・ザンビール」と呼ばれる巨大遺跡があります［fig.5］。紀元前13世紀頃のものですが、そこはまったく石が採れない低地でした。山から流れてきた河川が氾濫し、その一帯のあちこちに土を大量に滞留させました。その無尽蔵の土を固めてつくったレンガで、この遺跡ができたのです。

　レンガを用いた建築は、ピラミッドの原型であるジグラットの遺跡が立地する、現在のイラクなどのメソポタミア周辺地域で特に栄えました。チョガ・ザンビール遺跡もそのひとつです。しかし、同時に大切なのは、この地域が文字の発明地だったことです。レンガ製造と文字の発明には大きな関係があります。文字を発明したのはメソポタミアのシュメール人たちと言われています。彼らは紀元前30世紀頃に、楔形文字という世界最古の文字を発明しました。このとき、粘土板がノート代わりに使われたのです。生乾きの

粘土板に葦のペンを押しつけることによって、文字が記録されました。土を原料とした「ノート」は無尽蔵でした。つまり、文字とレンガは土があって初めて成立したのです。

さらに忘れてならないのは、肥沃な土があったからこそ、人間が農耕を始めるきっかけが生まれたことです。レンガ、文字、農耕、そして交易のための川や海があれば、その地域に古代文明が生まれるのはほとんど必然でした。貴重な文書は火入れされることで永遠のものとなり、のちに出土され、近代の解読者たちによって、当時の生活が事細かに復元されるようになりました。

≫木軸組から共同体が生まれた

日本にもギリシアやイランと似たような地質の山があるはずです。しかし、高温多湿な気候条件はその表面に大量の樹木を発生させました。そのような場所に住む人々が木材を大地からの構法にするのは当然のことだったでしょう。建築行為では、建て方の展開に応じ、集団による共同行為が必要になってきます。

最もシンプルな木造の住居は、日本では「竪穴式住居」といって、地面に穴を掘って立てた「掘立柱」でつくられています。掘立式は、極言すればひとりでも製作可能です。柱を順々に立て、梁を渡し、掘削した穴の内側を壁とし、柱梁と地面を結ぶように土屋根を葺き、屋根上に出入口をつけたのが竪穴式であり、木造住居の原型です。

しかし、掘立柱だと十数年しか柱がもちません。日本では弥生時代に「高床式倉庫」が一般化し、地下にあった床は大地を離れて空中に浮上しました。さらに寺院では、柱が石の上に立てられる「石場立て」形式が採用されるようになります。これによって、部材の寿命は飛躍的に延びました。石場立ての場合、施工中の柱は不安定になるため、ひとりでの工事は極めて難しくなります。そして、人々が協働することで軸組が発展し、柱をつなげる貫などの横材が使われるようになり、壁という人工的な垂直面も製作可能になりました。こうして構造が複雑化するにつれ、次第に共同性が必要になっていったのです。木材固有の腐朽しやすい性質も、集団的維持の必要を生じさせました。

こうして施工組織が生まれました。木造軸組は、掘立柱という大地に直接つながっていた環境を断ち切る代わりに、人間社会を生み出してきたとも言えます。

日本の伝統的木造建築のみならず、世界各地には、さまざまな木造建築の儀式があります。例えば、インドネシアのスンバ島にあるソダン（Sodan）という集落の上棟式では、屋根の基本軸組を一気に立ち上げるために、2名を1単位とする8名の男性とそれを指揮する村長＝棟梁がその作業を行い、その周りでは作業にリズムを与える人々の吟唱

fig.6 ソダン集落における
上棟式の様子（インドネシ
ア、スンバ島）　著者撮影

が響き、にぎやかに上棟式の準備がされていました。まさに村一丸となった建築の風景
でした［**fig.6**］。

≫**未来のビルディングフッド**

　さて、ここまでで石、土、木といった最も基本的な建築材料のビルディングフッドについて説明をしました。

　それでは、現代都市を覆うガラスやコンクリート、そして鋼鉄はどう考えたらいいのだ

ろうと、皆さんは当然思うでしょう。特に、稠密高層の現代都市の発展に欠かせないのは鋼鉄です。ですから、鋼鉄のビルディングフッドについても論じなければならないのですが、これについては別稿ですでにそのとば口の分析を始めました★1。鋼鉄のビルディングフッドは、この講義で扱う時代とはかけ離れているので割愛しますが、私たちの今後の生活環境をも占うような非常に重要な内容を含んでいます。ではコンクリートはどうか。これはローマ帝国が、現代からおよそ2千年も前にほとんどその完成形を見事に見せてくれることになります。詳しくは第6回の講義で取り上げるつもりです。

★1　中谷礼仁「Buildinghood（大地からの構法）」（『世界建築史 15講』彰国社、2019 所収）

参考文献・資料
★A　中谷礼仁『動く大地、住まいのかたち プレート境界を旅する』（岩波書店、2017）

Ⅱ

西 洋 建 築 を
比 較 す る

第 4 回

ギ リ シ ア 建 築 と 建 築 教 育
ウ ィ ト ル ウ ィ ウ ス × 現 代 建 築 学

　第2回の講義についての皆さんの感想を読んだところ、「歴史が信じられなくなった」など、講義に対して過敏に反応している意見が少なからずありました。また、「これまでの歴史の授業ではひとつの正解しかなかったが、歴史というのは本来的には人が考えるものだと知った」という感想も多くありました。私は普通のことを言っているつもりでしたが、もしかすると皆さんは、高校までの教育で、歴史に対する考え方が相当に固定化されてきたのかなと感じました。私が通っていた高校の世界史担当の先生の授業は型破りでした。先生は1年中ローマについて語っていて、本当にいきいきとした授業でした。体が弱いのに興奮しすぎて疲れ果て、途中で授業を打ち切らざるをえないこともありました。その授業からだんだんと歴史に興味が湧いてきました。

　確かに歴史の始まりは柔軟だったと言いましたが、度が過ぎると何を信じたらいいかわからなくなります。では、どうすれば自分の行動を、歴史的に考えることができるのでしょうか? そのあたりを、今回はウィトルウィウス（Marcus Vitruvius Pollio, B.C.80頃-B.C.15以降）という正体不明の人物が書き残してくれていたギリシア建築の話を通じてお話ししたいと思います。

　ようやく西洋建築史の講義らしい内容になって安心した方もいるかもしれません。第2回の講義でお話ししたように、西洋建築史は17世紀頃以降に、西洋人による西洋人のための建築史として生まれました。しかし、それ以外の地域においても人々には普遍的な課題があり、数々の文明圏がそれに立ち向かってきました。ですから、これから話す西洋建築史は、西洋人が発見し考え抜いた建築の考え方をベースにして、私たちにも共通する普遍的なテーマを探し出そうとするものです。

≫ **ウィトルウィウス『建築書』について**

　ウィトルウィウスはローマ帝国に属する人物ですから、ギリシア時代の建築家ではあ

fig.1 《パルテノン》(B.C.447-B.C.432) Steve Swayne (CC BY 2.0)

りません。ローマ建築はその後の文明に決定的な影響を与えた技術基盤でしたが、ギリシア建築はローマ建築に大きな影響を与え、その基盤になりました。ウィトルウィウスはギリシア建築、ローマ建築の双方を学び、自らの建築的知識や経験を加えて『建築書（De Architectura）』★Aを著したのでした。

　その成立年代は、おおよそ紀元前30年から紀元前15年頃とされています。しかし驚くべきことに、この本の価値が決定的になったのは、1415年（1414年という説も）にスイスの《ザンクト・ガレン修道院》の附属図書館でその価値が再発見されてからでした。以前からその書の存在自体は判明していたのですが、誰もそれまでこの書に注目していなかったということでしょう。当時のルネサンスの誕生期にあって、その価値が大いに見出されたのです。

　いずれにせよ、リアルタイムでギリシア・ローマ建築のことを著した建築書は、現在に至るまでこのひとつしか見つかっていません。この歴史的書物の解説として、多くの建築理論書がルネサンス以降の人々によって著されました。この経緯は、ギリシア・ローマ建築とその再生であったルネサンス建築の強い結びつきを示すものでしょう。逆にキリスト教がヨーロッパ内部で固有に深化した中世期では、ギリシアは得体の知れない神話世界が残る異教の地としてとらえられていました。ルネサンスはこの書物を再発見す

ることによって、彼らのオリジンをギリシア・ローマに定め直したというわけです。ここにも歴史が見出されていく過程が明瞭に示されています★B。

　この『建築書』は、ウィトルウィウスが仕えていたローマの初代皇帝アウグストゥス（在位 B.C.27-A.D.14）に捧げられています。全10編からなり、都市計画、建築計画、建材、各種建築、土木工事、諸学問など、それぞれにテーマをもって書かれています。今日はその内容に少しでも踏み込みたいのですが、そのためにも、まずはギリシア建築の概要をお話ししておかなくてはなりません。

》西洋建築史の始まり　ギリシアという場所

　古代ギリシア文明の複雑な生態系を余すことなく語ることは、この講義の範囲を逸脱してしまうので、まずはその環境をぎゅっと圧縮して伝えます。ギリシア文明が展開したエーゲ海は、西と北をバルカン半島（現在のギリシア共和国など）、東をアナトリア半島（現在のトルコ共和国など）に囲まれた、大きな入り江状の海です。私たちにわかりやすいようにたとえれば、10倍以上に大きくした瀬戸内海という感じでしょうか。緯度も近く、温暖な気候で、地殻活動による複雑な海岸線や群島の存在が似ています。その気候や豊潤な土壌は、さまざまな生産活動を可能にしました。また、複雑な地形がつくる自然の境界は、いくつもの地域共同体がそれぞれにまとまることを促しました。それをベースにして、互いの侵略なども含んだ意味での海上交通、交易が活性化したことは容易に想像できます。ライバルとして争いつつも、とりあえず同じ海を共有して生きている。そういうイメージをもっているといいかもしれません。

　さて、この地域の建築活動が明瞭になるのは、記録が残り始める紀元前8世紀頃以降ですが、それ以前にも都市文明が栄えていたことが現地発掘などからわかっています。エーゲ海南方に位置するクレタ島では、紀元前2000年頃には大規模な神殿建築を含む都市が成立していました。この神殿の遺跡が英国人アーサー・エヴァンス（Arthur John Evans, 1851-1941）によって19世紀末に発見され、ミノア（クレタ）文明の存在が明らかになりました。ミノタウロス伝説のもとになった《クノッソス宮殿》ですね。その宮殿遺跡には独立柱による開放的な空間も残されています。また、バルカン半島を南下した民族によって、ペロポネソス半島のミケーネに興った青銅器文明がミケーネ文明です。巨石を用いた門（獅子門）や円錐状の内部をもつ円頂墓など、巧みな石造技術をもっていました。その後、エーゲ海一帯は紀元前12世紀の内戦もしくは自然災害によって急速に衰退し、不分明な時期が続きます（暗黒時代）。

しかし、紀元前8世紀頃からバルカン半島の各地で次第に文明的共同体が発達し始めました。その共同体はポリス（都市国家）を形成しました。貴族政から寡頭政、僭主政を経て、一部で世界初のポリス内の市民（使役される市民外の階級に属する人も多数いたのですが）による民主政治が実現したとされています。

　また経済面では、農業生産のみならず、海上を中心とした貿易も発展し、貨幣経済が発展しました。このようなコンパクトな先進共同体の群立を基盤に、哲学、科学、文学、美術などに多彩な文化が栄えました。

　これらを総称して、「古代ギリシア文明」と言います。そして、彼らによる神殿建設の活発化は、その興隆を最も明確に示すものでした。この講義で言うギリシア建築とは、当時彼らが戦争の祝勝のたびに建設に血道を上げた神殿建築のことを指しています。もちろん住宅や都市計画などもありましたが、神殿建築が達成した水準が特段素晴らしいからです。

　その最高潮は古典（クラシック）期と呼ばれる紀元前5世紀から紀元前4世紀です。古典とは物をつくるときの指標となりうる原点、典型という意味をもっています。その語源は、のちのローマ帝国の市民階級のうち、最上階級を表したラテン語（classici）です。この語源をもとに、ルネサンス以降の人々が、文化的最上の時期として当時の古代ギリシア文明を置いたのでした。

　紀元前5世紀から紀元前4世紀という時期は、数ある都市国家のなかでも、アテナイ（現アテネ）がギリシア文明圏の中心的存在となった時期です。ちょうど現在のイランにあたるアケメネス朝ペルシアの侵攻をはねのけ、ギリシア圏が勝利したペルシア戦争終結の時期であり、その後アテナイは、地中海圏の防衛同盟であるデロス同盟を他ポリスと結び、その中心的存在になりました。そのときに、アテナイの内湾沿いの石灰岩の大岩の上に建設されていた聖域であるアクロポリスに、《パルテノン》[fig.1]や《エレクテイオン》を含む一大神殿群が新たにつくられました。これが西洋建築のクラシック建築の原点となったのです。

　その後、ギリシア地域ではアテナイとスパルタによる古代ギリシア時代最大の「内紛」であるペロポネソス戦争など、各都市国家間の争いが起こります。また、当時のギリシアでは辺境だったマケドニア出身のアレクサンドロス大王によるペルシア、エジプト侵攻で、オリエント文化との混交が起きますが、この若き王の急死により、小国の群雄割拠時代を迎えます。これを「ヘレニズム時代」（B.C.323-B.C.30）と言います。その画期の終わりとされた紀元前30年とは、ギリシア一帯がローマ帝国の属州になった年でした。

》ギリシア神殿建築の特徴を考える

では、これからギリシア神殿の特徴を、教科書の『西洋建築史図集』★Ｃを開いて確認してみましょう。先ほどクラシックがもつ典型としての意味を説明しましたが、とりわけ教科書に掲載されるくらいの優れた典型は、誰が見てもわかるような顕著な特徴をもっているはずです。

それでは紀元前7世紀から紀元前2世紀の範囲から、ギリシア神殿建築の代表例を挙げた12、13ページの見開きを眺めてもらって、その後5人ぐらいにその特徴を列挙してもらいましょう[**fig.2**]。

──**学生Ａ：石造りです。**

そのとおりです。

──**学生Ｂ：長方形の平面です。**

これも、そのとおりです。

──**学生Ｃ：周りに柱が並んでいて、中に壁で囲まれた部屋があります。**

細かいところまで見ましたね。いいと思います。

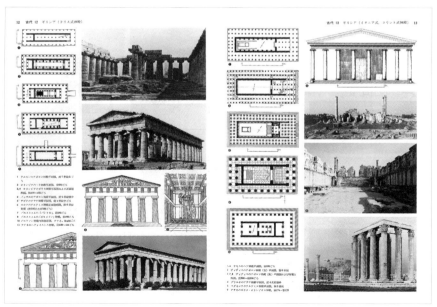

fig.2　古代ギリシア建築　出典：『西洋建築史図集』★Ｃ pp.12-13

──学生 D：きれいな線対称形だと思いました。

はい、そのとおりです。

──学生 E：柱と梁の間の装飾の種類がいくつかあるみたいです。

はい、そうですね。これについても検討しましょう。

さて、皆さんが挙げてくれたこれらの特徴で、ギリシア神殿建築の特徴はほぼ言いつくされていると思います。とはいえ、これで十分ですと言われたら逆に不安だと思いますから、私が用意していたギリシア神殿建築のいくつかの特徴の項目を挙げてみましょう。

・石材が主要材
・まぐさ（楣・柱梁）式構法のため、単純だが大空間の達成には大きな部材、資力が必要
・メガロンという長方形の宮殿形式が原型
・柱梁（まぐさ式）という極めて簡素な構成が生み出す構成美の追求に没頭
・構成美の追求が構成部材間に一定の比例様式を生んだ

ほぼ同じではないでしょうか。まずギリシア神殿建築は、〈メガロン〉というミケーネ文明期の宮殿の平面形式を踏襲しています [**fig.3**]。宮殿といってもとてもシンプルなもので、プロナオス（前室）、ナオス（主室）、後代にはオピストドモス（後室）をもったおよそ三室形式の長方形平面です [**fig.4**]。それらは当初、土練、日干しレンガによる壁、木材による柱梁などによってつくられたと考えられています。そのメガロンの周りに吹放しの柱列が配され、平面と構法が温存されたまま石造に展開していったのが現存するギリシア神殿の原型です。

fig.3 メガロン形式の発展。①1室だったものが、②袖壁が延長され、③2本の柱が追加された。③をイン・アンティス形式と呼び、これが最も簡素なギリシア神殿の形式となった

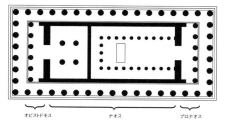

fig.4 《パルテノン》平面図。イン・アンティス形式からさらに発展し複雑化している

第3回でお話ししましたが、柱梁形式を石造で達成しようとするとき、その形態の展開には大きな制約が発生します。石は頑丈ですが、重く、そして脆い。そのため柱梁形式による石造は、その規模をなかなか大きくすることができないのです。例えば、柱と柱の間を大きくとると、その間を架け渡す梁成（梁断面の高さ寸法）も大きくしないと割れてしまいます。しかし成を高くしすぎると、重すぎて中空に架け渡すための施工に手間取るし、不経済です。このような複数の制約のなかで、その構成比例の最適解を求めて、ギリシア神殿建築はその美を極めていったというわけです。

≫ドリス式・イオニア式・コリント式

また、柱と梁の間には柱頭という部材があります。これは、梁から柱への荷重を、より広い面積で受けて柱に伝えるという機能的役目があります。この柱頭には、時代と地方によっていくつかの違いがありました。そのなかで代表的なものが、〈ドリス（ドーリア）式〉〈イオニア式〉〈コリント式〉と言われているものです[**fig.5**]。

ドリス式の起源は古く、紀元前12世紀頃、ペロポネソス半島に侵入してきたドリス人らが伝え広めたものと言われています。ドリス式の柱頭はシンプルな椀のような形で、その役目を素朴に見ることができます。古い例は、《テルモンのアポロン神殿》（B.C.7世紀後半）、《オリンピアのヘラ神殿》（B.C.7世紀）、建築の姿がよく残る代表例は、《パエストゥムのポセイドン神殿》（B.C.460頃）、《アテネのハファイストス神殿》（B.C.449-B.C.444頃）、そしてシチリア島のアグリジェントに残る《コンコルディア神殿》（B.C.5世紀）などですが、ほかと比較して、柱頭の違い以外にも、全体的に野太いプロポーションが印象的です。

イオニア式はやはりイオニア人という民族の名前に由来していて、ペロポネソス半島東部で成立した形式です。《サモスのヘラ神殿》（B.C.530頃）、《ディディマのアポロン神殿》（B.C.6世紀）が有名ですが、いずれも二重周柱式となっています。

イオニア式の柱頭は羊の角のような渦を巻く形が印象的で、プロポーションはドリス式に比べて細くなっています。イオニア式はドリス式と並んで建造されることもあり、ギリシア神殿建築の主要な様式のひとつとなりました。

クラシック期を迎える手前の紀元前6世紀末には、アテナイで古代民主政が誕生しました。それにより、都市の中心は生活の中心であり、商業、行政を執り行う公共空間のアゴラ、要塞化された聖域であるアクロポリス、アクロポリスの中の神殿、という定型化が起こりました。そして、ペルシア戦争での勝利から始まるクラシック期（B.C.480頃-

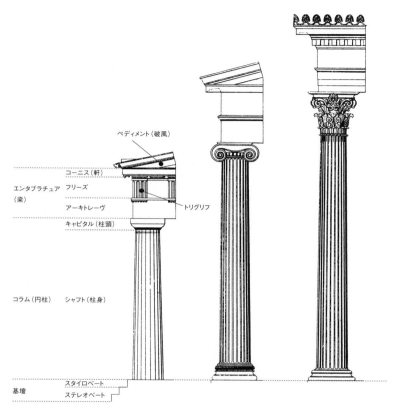

ペディメント（破風）

コーニス（軒）

エンタブラチュア　フリーズ
（梁）

アーキトレーヴ　　　トリグリフ

キャピタル（柱頭）

コラム（円柱）　シャフト（柱身）

スタイロベート

基壇　ステレオベート

fig.5　オーダーの種類と各部名称　左から、ドリス（ドーリア）式、イオニア式、コリント式

B.C.330頃）において、ポリスは古代民主政による平和を享受し、アテナイではアクロポ
リスにドリス式とイオニア式が混在した神殿群がつくられたのでした。

　コリント式はそれらに比べると新しく発生したもので、現存最古の神殿はバッサイの
《アポロ・エピクリオス神殿》（B.C.429）と言われています。コリント式の柱頭はアカンサ
スの葉をあしらった複雑なもので、ドリス式のように梁を支える感じではなく、逆にふ
わっと梁を浮かすような軽い表現です。

≫オーダーについて

　さて、これらの神殿形式は先ほども言ったように柱梁形式の石造という大きな構造的

制約の枠内でそれぞれに同じような洗練を経て、その形は定式化します。大きくは下から基壇（スタイロベート＋ステレオベート）、柱身（シャフト）と柱頭（キャピタル）からなる円柱（コラム）、梁（エンタブラチュア）と切妻屋根の破風（ペディメント）という一連の組み合わせであり、それが各様式ごとにプロポーション（比例関係）や細部が微妙に変わっています。これらの比例の定型表現はウィトルウィウスの時代（B.C.1世紀頃）でもすでに意識化されていますが、ウィトルウィウスの書を再発見したルネサンス人たちにより、それらは〈オーダー（Order）〉として、西洋建築の真髄を表す美しい比例と組み合わされ、定式化したわけです。オーダーにはいろいろ訳し方があると思いますが、ファッションにおける「定番」という表現もあながち外れてはいないと思います。その後、この流れが西洋世界を制覇することになるローマ帝国に受け継がれていくのでした。1世紀頃に、ロー

fig.6　バールベックの《ジュピター神殿》（1世紀頃）にある6本大列柱

マ帝国によって建てられたバールベックの神殿の美しいオーダーを見ると、その洗練化がギリシア時代を超えて続いていたことがわかります [**fig.6**]。現在のレバノンにありますが、いつかは行ってみたいものです。

ところで、18世紀から19世紀にかけてのヨーロッパでは、ギリシア建築の復元が試みられ、そのオリジナルの彩色を再現することが流行りました。すると、各部が大変鮮やかな色に塗られていたことや、その由来が木造時代の細部構成によるものだったことがわかったのです。例えば、梁を留めるためのくさびがトリグリフ周辺の装飾となって残っていたりします。

≫ウィトルウィウスの『建築書』を読む

ここでウィトルウィウスに話を戻しましょう。ギリシア建築の世界を直接教えてくれるのがウィトルウィウスの『建築書』です。日本語で翻訳書が出ていますから、こういうときには下手な解説書に頼らず、直接読んでみることが、その魅力を知るためには最も近道です。

というわけで、今回の講義のメインイベントはウィトルウィウス『建築書』の輪読です。およそ2千年前の人が考えていたことを読む機会はあまりないので、挑戦してみましょう。冒頭の最も重要だと思われる建築へのつき合い方を記した部分を抜粋してみました。それでは学生の皆さんに読んでもらって、その後で感想を言ってもらいましょう。内容に納得したら「異議なし」と表明してもらうのもいいですね。では始めましょう。

第1書　第1章

1　建築家の知識は多くの学問と種々の教養によって具備され、この知識の判断によって他の技術によって造られた作品もすべて吟味される。それは制作と理論から成立つ。制作とは絶えず錬磨して実技を考究することであり、それは造形の意図に適うあらゆる材料を用いて手によって達成される。一方、理論とは巧みにつくられた作品を比例の理によって証明し説明しうるもののことである。

2　それで、学問をかえり見ないで腕の方に習熟するよう努めた建築家は努力のわりには権威を獲得するようになりえなかったし、また理論と学問だけに頼った人たちも本体でなく幻影を追及していたように思われる。これに対して、二つながら十分に習得した人は、あらゆる武器で装備された人のように、意図されているものを権威をもって獲得した。

――ウィトルーウィウス『ウィトルーウィウス建築書』★A

──学生F：異議ありません。

　そうですね。「建築家は制作と理論双方を学ばないといけない」というのは、まさにいま皆さんが大学で受けている座学と演習という大きな2つの授業種類に相当するのではないでしょうか。特に第2項で言われている、技術ばかり身につけてしまった人は「努力のわりには権威を獲得するようになりえなかった」し、逆に理論だけに頼ってしまった人は「幻影を追及していたように思われる」という表現は本当にうまいなあと思います。いまと異なるのは、当時は比例の理に習熟することが建築理論の中心だったということですが、これについてはギリシア神殿がその構成美＝比例関係の追求に重きを置いていたことを思い出していただければよいかと思います。

3　（……）こうして、建築家は天賦の才能に恵まれていなければならないし、また学習にも従順でなければならぬ。なぜなら、学問なき才能あるいは才能なき学問は完全な技術人をつくることができないから。そして願わくば、建築家は文章の学を解し、描画に熟達し、幾何学に精通し、多くの歴史を知り、努めて哲学者に聞き、音楽を理解し、医術に無知でなく、法律家の所論を知り、星学あるいは天空理論の知識をもちたいものである。　　　　　　　　　　　　　　　　　　　　　　　　──同

──学生G：前半は理解できますが、音楽や医術や天空理論まで勉強しなければいけなかったというのは納得できません。

　おっしゃるとおりです。しかし、ウィトルウィウスはそれらの分野を勉強することの必要性をすぐに説明していますから、続けて読んでみましょう。

4　それは何故であるか。以下がその理由である。──建築家は文章の学を心得ていなければならぬ。そうすれば覚書をつくって記憶を一そう確実にすることができる。次いで描画の知識をもっていなければならぬ。それによって模図を描いて欲する作品の姿を具象化することができる。幾何学は建築術に多くの援助をもたらす。まず第一に定規とコムパスの使用法を教える。これらを用いてきわめて容易に敷地に図形が設定され、垂直や水平や直線の向きが設定される。同じく、光学を通じて天の一方より建物の中へ光線が正しく導かれる。算数を通じては、実に、建築の費用が計算され、計測の数値が処理される。またむつかしいシュムメトリアの問題も幾何学の理論と方法によって明らかにされる。　　　　　　　　　　　　　　　　　　　　　　　　　　　　──同

──学生H：この部分については特に異議はありません。納得しました。

そうですね。この部分で登場した、幾何学、図法、光学、算術については大学の1年生の授業分野に酷似しています。そのほか〈シュムメトリア〉という耳慣れない言葉が出てきますが、これはギリシア建築特有の構成美＝比例関係を象徴する言葉です。この言葉の重要性はのちほどお伝えします。次はいかがですか。

5　また、広く歴史を知らなければならぬ。なぜなら、建築家はしばしば作品中に多くの装飾物を意匠するが、それらについてかれらが何故それを作ったかと問う人に主題の根拠を返答する義務があるから。（……）

7　哲学は、実に、建築家を心広く、かつ傲慢でなくてむしろ気安く平等であり、貪欲でなくて誠実であるように仕立てる。（……）その他に哲学はギリシア語でピュシオロギアと呼ばれる自然論を展開する。それをもっと熱心に研究することが必要である。なぜなら、それは自然に関する多種多様の問題、たとえば導水における問題、を抱えているから。（……）

8　また、建築家は、カノーンの理論と数学的記号を身につけるために、さらに重弩砲や軽弩砲や蠍形弩砲の調子を正しうるためにも、当然音楽を知っていなければならぬ。（……）　　　　──同

──学生I：「カノーンの理論」がわからないので、それが数学、武器、音楽に関係していることもわかりません。

　確かにそのとおりです。大砲のことをカノン砲（キャノン砲）と言ったり、音楽にもカノンという言葉がありますが、その語源は一緒だったのです。それは空気中を漂う物理的法則としての波の現れであり、それが音楽にもなれば、弾道調整の調子にも関係したのだと私は理解しています。「蠍形弩砲」というのは、よく古代戦記に登場する大岩をバネとテコで打ち出す投石機ですね。ただしそれ以外の部分、建築家にとって歴史や哲学が重要なことは納得いただけたかと思います。特に、人間は哲学を深めるとその人を「傲慢でなくてむしろ気安く平等であり、貪欲でなくて誠実であるように仕立てる」という指摘にはしびれます。そしてもうひとつ、〈ピュシオロギア〉という耳慣れない用語がありました。〈ピュシオロギア〉はいまで言う自然論にあたりますが、その本質である自然をギリシアでは〈ピュシス〉と言っていました。これについても本日のまとめでのちほど論じます。

10　実に、天空の傾斜──ギリシア人のいうクリマ──の故に、また健康なあるいは不健康な空気と土地の利用や水の利用のために、医学を知る必要がある。なぜなら、これらの理法を除外してはどん

——学生J：天空の理論と医学は衛生に関係しているかもしれません。

　そのとおりです。つまり、ウィトルウィウスが天空理論や光学を重視していたのは、日射による健康な建築環境づくりを目的としていたからのようですね。するとこれは、大学のカリキュラムで言うと、空気調和などの建築環境の分野にあたるのではないでしょうか。つまり、ウィトルウィウスの述べている各学問のおおよそは、現在の大学でも習う建築の専門的分野として生きていると言えそうです。これは結構すごいことです。ギリシア・ローマで必要とされた建築学が、現在の分野と比べてもまったく遜色ないのです。

　そして、次に続いた12の項こそ、今回私が皆さんに最も伝えたいことです。ここまでに、建築家になるための学問分野がたくさん羅列されたことで、「そんなに勉強できないよ」と皆さんは思っているはずです。しかしおそるべし、ウィトルウィウスはそんな不満を予知して、多く学問することの秘訣を明かしているのです。

　彼が説明するに、学問というのはだいたい同じかたちや構造をもっています。なるほど、なんとなく理解できます。まず、おおよその学問は目的を定めて、仮説を構築して、それを検証し、その成果を導き出すという手順を踏みます。そのほか基本的な数学や論理は、各学問をドライブする公理です。ひとつの学問の成り立ちを知ると、学問一般の筋が読めるようになります。すると、その学問の内容がはっきりとはわからなくても、だいたいいま読んでいる箇所が、その学問全体のどこにあたるかは理解でき、それによって、自分の学問分野とその構成のかたちを比較し、論じることができるようになるのです。この状態が、ウィトルウィウスの言う「同じ徴」ですね。さらに彼は、各学問に通底する構成の存在を述べるのに「一個の人体」「その肢体」というたとえをもち出しています。この人体を用いたたとえは、これまで出てきた〈シュムメトリア〉や〈ピュシオロギア〉を統括する重要な概念です。その意味を確固とするために、本日最後の部分を読んでみてください。

1　神殿の構成はシュムメトリアから定まる。この理法を建築家は十分注意深く身に付けなければならぬ。これはギリシア語でアナロギアといわれる比例から得られる。比例とは、あらゆる建物において肢体および全体が一定部分の度に従うことで、これからシュムメトリアの理法が生まれる。実に、シュムメトリアまたは比例を除外しては、すなわち容姿の立派な人間に似るように各肢体が正確に割付けられているのでなければ、いかなる神殿も構成の手段をもちえない。

2　実に、自然は人間の身体を次のように構成した――頭部顔面は顎から額の上毛髪の生え際まで十分の一、同じく掌も手首から中指の先端まで同量。頭は顎からいちばん上の頂まで八分の一
（……）　　　　　　　　　　　　　　　　　　　　　　　　　　　　　　　　　　　　――同

　これ以降、ウィトルウィウスは人間の各部の寸法関係を建築にも当てはめようとします。ここは学生時代の私が最もわからなかった部分です。当時、西洋建築史の先生に尋ねたら、先生もやや困った顔をしていたことを思い出します。ですから、ここからのまとめでは、その理由づけを自分なりに試みてみたいと思います。

　その前に、もうひとつ重要な言葉、「アナロギアといわれる比例」について説明します。この言葉は、類推を意味する「アナロジー」の語源です。比例が、異なる事物を似たものとして関係づける類推行為の素になっているのです。そのことは、相似の関係を考えればおおよそ見当がつきます。

　例えば、三角形ABCと三角形DEFが相似であるとするならば、それぞれの三角形において互いに対応する2辺AB－BCとDE－EFの間には、AB:BC＝DE:EF、つまり（AB/BC）＝（DE/EF）という関係が成立します。まさにこの相似的比例に基づく類推行為こそ、先ほどウィトルウィウスが述べた、異なる多数の学問に「同じ徴」が認められることの根拠なのです。ここで初めて私たちは、やみくもな暗記に代表される事象a＝aの反復だけではなく、事象a∽b∽j∽x∽D∽etc.のように、これまで異なっていたはずの事物をつなげて論じることができるのです。いままでに皆さんが経験してきた学問の教えられ方は、どちらかというとa＝a式が多かったのではないでしょうか。しかし、これだけでは自ら世界を発見し動かすことはできません。異なる事象を「∽」でつなげていくことが大事なのであって、それは類推という、新しい思考ツールによってもたらされるのです。

　さて、今回3つの重要な言葉が登場しました。それはつまり、〈ピュシオロギア〉〈アナロギア〉、そして〈シュムメトリア〉です。

ピュシス　ヒト　ダチョウ

fig.7　大地から湧き起こる生命力としての〈ピュシス〉、そのなかでも2足で直立する人間の肢体が、建築のひな形的位置になったのかもしれない

　〈ピュシオロギア〉つまり〈ピュシス〉はフィジックス（物理学）の語源です。それは生物に内在する、自ら育つ力を意味しています。傷つけられても人間は育ち、自然治癒力をもちます。そして、生物の形、例えば雲のでき方、川の流れ方、木の育ち方、花弁の開き方などを見る限り、その育ち方には、さまざまな形態上のルールや数値化可能な比例関係である〈シュムメトリア〉が内在しています（物理学はその〈ピュシオロギア〉に内在する〈オーダー〉＝〈シュムメトリア〉を客観化しようとしてきたわけです）。そして、異なる生物の〈ピュシス〉に備わる〈シュムメトリア〉を比較検討して、それを総合的な美となすための力が〈アナロギア〉なのです。この関係は、現在でもまったく有効だと私は思います。

　人間が美しい建築、最適解として存在する構築物をつくる際に、その美の〈アナロギア〉として把握しようとしたのがおそらく人体だったのではないでしょうか。人間もまた、〈ピュシス〉によって育った造形物であり、それも直立して重力にあらがう唯一の動物です。それゆえ、人間のなかの〈ピュシス〉を分析して、人工的構築物をつくる際の見本とすることは、最も説得的だったのではないでしょうか。これが、私が学生だったときに答えてくれなかった先生の代わりに私が考えた仮説です。いかがでしょうか。2足歩行で自立している動物＝人間こそが最高の〈シュムメトリア〉を具備するものであるというアナロジーに代わるものは皆さんありますか？

──学生K：ダチョウも2足です。それに、人間よりやたらに速くて安定していると思います。

　なるほど、それは盲点でした。鳥やカンガルーも2足に見えますが、尾をたくみに使っていますから3足とも考えられます。次点にしましょう。そう考えると、人間とダチョウこそ最高の〈シュムメトリア〉を備えた存在です[**fig.7**]。しかし、ギリシア人は当時ダチョウを知らなかったのだと思います。

参考文献・資料
★A　ウィトルーウィウス『ウィトルーウィウス建築書』(森田慶一訳、東海大学出版会、1979)
★B　鈴木博之『建築の世紀末』(晶文社、1977)
★C　日本建築学会編『西洋建築史図集(三訂版)』(彰国社、1981)

第 5 回

黄 金 の モ デ ュ ー ル
ギ リ シ ア 比 例 論 × ル ・ コ ル ビ ュ ジ エ

　前回の講義では、ウィトルウィウスの『建築書』の一部を皆さんに読んでもらい、その内容を検討しました。ウィトルウィウスは、建築の全体、特に立面を考えるときに人体を基準の中心に置いていました。

　一般に、身の回りの建築のほとんどは人間用ですから、人体の大きさを考慮しないわけにはいきません。例えば、建築基準法で居室の天井高は平均210cm以上と定められていますが、これは明らかに人間の身長が基準で、ちょうど男性成人が手を伸ばすと天井面に触れるくらいの高さです。また、机やイスの高さは人間が利用することを前提としていますから、座面高さ3mのイスなんてほとんど意味がありませんよね。そういう意味で、内部空間の高さや広さを決定するには人体との関係は最も重要な基準です。

　しかし、ウィトルウィウスはその程度の建築と人体寸法との関係を指摘したのではありませんでした。彼は人間の肢体における比例関係が、建築全体の似姿、見本であるとまで言ったのです。私はその理由が学生の頃まったくわからなかったので、前回の講義では、

・ピュシオロギア／ピュシス＝成長力

・アナロギア＝類推力

・シュムメトリア＝普遍的比例関係

という当時の3つの重要概念を用いて、その思考プロセスを明らかにすることを試みました。そこから、ギリシア建築が人間のなかに、存在自体のあり方、建築の建ち方の本質をつかまえようとしたことが、おぼろげながら見えました。

≫ウィトルウィウスの6原則

　前回時間がなくて紹介できなかったのですが、ウィトルウィウスは、ギリシア・ローマ建築の規模や比例を決定するための6つの総論的原則を述べています。それを私なりに

圧縮してまとめますと、以下のように説明できます。

①オルディナチオ (ordinatio)：適正な量 ⎫
②ディスポジチオ (dispositio)：適正な配置 ⎬ 形態的適正さ

③ユーリトミア (eurythmia)：比例のつり合い ⎫
④シュムメトリア (symmetria)：建築の部分と全体に一定の寸法を割り与えること ⎬ 美的適正さ

⑤デコール (decor)：定則、習慣 ⎫
⑥ディストリブチオ (distributio)：身分に合った適切な建築プラン ⎬ 社会的適正さ

　これら6原則は、さらに3つの適正さの種類にまとめることができるでしょう。ひとつは「形態的適正さ」を表したグループで、〈オルディナチオ〉で量を扱い、〈ディスポジチオ〉で構成を扱っています。次に「美的適正さ」を表したグループで、基礎概念としての〈ユーリトミア〉と統合法としての〈シュムメトリア〉が挙げられています。最後に「社会的適正さ」を表したグループで、〈デコール〉や〈ディストリブチオ〉がそれにあたります。前回もそうでしたが、ウィトルウィウスの述べている内容は、現在でも常識的かつ重要な点を突いてきます。今回さらに検討しようとしている〈シュムメトリア〉を除けば、そのほかの原則の重要性はたやすく理解可能でしょう。

　さて、6原則を身近なものから考えて体得したいと思います。唐突ですが、私の大好物であるシウマイ弁当から考えてみましょう。
　まず、シウマイ弁当は社会的適正さをもっています。ペットボトルのお茶とシウマイ弁当を合わせて買うと、千円札1枚で数枚の十円玉が返ってきます [fig.1左上]。この貨幣単位に基づくキレのよい交換性能と一般庶民が購入する弁当代としてのお得感が、それぞれ定則としての⑤〈デコール〉と身分に合った⑥〈ディストリブチオ〉です。
　次に、弁当の包装を外して蓋を閉めたまま本体をしげしげと眺めてみましょう [fig.1右上]。すると、本体の蓋と底は天然のそぎ板が使われているのがわかります。これはおそらく、弁当が必要以上に蒸れず、弁当独特のやや硬めの食感を生み出すことに寄与しています。本体の四方の横板は、実は天然ではなく発泡スチロールに木目を印刷したものなのですね。おそらくこれによって、この弁当は運搬時の耐久性を物体として獲得しています。このような材の注意深い適正な配置が、②〈ディスポジチオ〉ということが言えるでしょう。

お茶と合わせて千円以内で購入できる＝⑥ディストリブチオ（コストバランス）

上蓋、底板は湿度調整のため自然素材、横周りは運搬のため発泡スチロール＝②ディスポジチオ（素材の組み合わせの妙）

全体比例、右側ご飯部の比例的安定性＝④シュムメトリア、③ユーリトミア、①オルディナチオ
おかずの組み合わせ＝②ディスポジチオ、⑤デコール

濃い味
薄い味
デザート！
洋物
嗜好物

fig.1　ウィトルウィウスの6原則をシウマイ弁当で読み解く

　それでは、蓋を開けてみましょう［**fig.1下**］。開けた人はそのとき、この弁当の食材の配置が極めて整っていることに気がつくでしょう。まず箱を半々に仕切り、右をご飯、左をシウマイを含むおかず群としています。ご飯を見てください。ご飯はさらにきれいに2列×4段の③〈ユーリトミア〉で構成され、ひと口単位で大変取りやすい①〈オルディナチオ〉となっています。それぞれのブロックには黒胡麻が、そしてご飯全体の中心にオリーブを思わせるカリカリとした青梅が載っています。このご飯部の比例的安定性は見事で、④〈シュムメトリア〉を発揮していると言えるでしょう。

　一方、おかずを見てください。ここの構成、配置にも舌を巻きます。おかずはシウマイのみならず、洋物の唐揚げ、やや濃い味に仕上げたタケノコ煮、弁当の奥行きを増すマグロの漬け焼が香り、お酒にはもってこいです。

　さらにそれとバランスを取るように薄い味の紅白のかまぼこ、黄色い卵焼き、そして真

ん中には、食事の終わりを告げるデザートとしての干しアンズが置かれています。左下隅には昆布と生姜の嗜好物が少々。バラバラにならず、また残しても美しいように小さい幕板で仕切られているのがわかるでしょう。このおかず部分の組み合わせの妙は、最高峰の②〈ディスポジチオ〉と⑤〈デコール〉のセンスが発揮されています。シウマイ弁当もまた、ギリシア・ローマ建築のように検討に検討を重ねて、いま見たような比例的完成度に到達したことがよくわかるのです。

》ル・コルビュジエとギリシア建築

　前回からギリシア建築について検討していますが、後編にあたる本日の講義では、ギリシア建築の比例方法が、近代建築の誕生にも深く創造的に影響を及ぼしていることを検討してみたいと思います。その意味で、今回は20世紀近代建築の立役者のひとり、ル・コルビュジエ (Le Corbusier, 1887-1965) に登場してもらいます。彼は二十代のとき、約半年を費やしてトルコ、ギリシアを中心とした地中海をめぐる『東方への旅』★ᴬを敢行しました。そのときの《パルテノン》との出会いの一節を引用してみます。

ポルチコの下、その威圧的な量塊の中で、パルテノンが水平のアーキトレーヴ（梁の一部のこと）を遠くへ投げだしているのを、盾のようなその前面をとりすました風景に対抗させているのを見ることができる。(……) 八本の円柱はある一定の規則に従って大地からのびている。台座ごとに人間の手で据えられたものとはとうてい見えず、地下深くより湧き出ているかのようだ。(……) 水切石のグッタエのリベットの下、メトープとトリグリフの飾りけのないふくらみが、神殿正面の左隅から反対側の端の柱まで視線をたどらせる。明白な数学的正確さと、技術者の仕事に対する明晰さとをもって、頂部まで刻まれた大理石の巨大な柱身は、一つの石塊としてとらえられる。

——ル・コルビュジエ「パルテノン」(『東方への旅』★ᴬ)、(　) 内引用者

　いかがでしょうか。ル・コルビュジエがアクロポリスの丘に屹立する《パルテノン》に対して、同時にその丘から地中海を見つめる自分の勇姿を二重写しにしたかのようなヒューマニスティックな共感を抱いていることがわかります。それとともに、その姿が極めて厳密な数学で構成されていることを指摘しています。この美的感性は、ウィトルウィウスからの情報を通してはいるものの、やはり彼が実際に《パルテノン》を見て感じたギリシア神殿建築の本質であったはずです。

　一般的に近代主義（モダニズム）建築は、過去からの決別として展開したと言われて

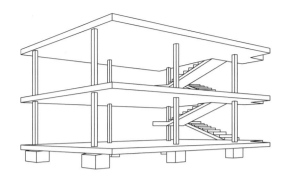

fig.2 ル・コルビュジエ〈ドミノ・システム〉
(1914)

います。確かに、過去の刷新運動であったことは間違っていません。しかし、近代主義
建築の運動がすべての歴史を捨象したかと言えばそうではありません。例えば、ルネサ
ンスは中世を刷新しましたが、それは歴史を捨てたのではなく、ギリシア・ローマ的伝統
の再生運動でした。近代建築もそれと同様に、歴史的対象を、むしろ新しい発見的な
意味をもつ存在としてスキャンし直した、というのが上質なモダニズムだったのではない
でしょうか。自ら歴史を探索し、自分の身に落とし込んでいく。つまり、歴史との別離で
はなく、歴史的事物への主体的なかかわり方によって、ル・コルビュジエの近代建築もま
た、立ち上がったものなのです。そして、彼にとってのギリシア建築からの影響とは、そ
の美学の根源である寸法比例にかかわるものでした。

　ル・コルビュジエについては別の講義である「近代建築史講義」★Bで詳しく取り上げ
る予定ですのでいまは割愛しますが、今回の講義に関係しそうな彼の活動のひとつに、
1914年に提案された〈ドミノ・システム〉が挙げられます[fig.2]。これは、鉄筋コンクリー
トという新しい素材を用い、スレンダーな柱とフラットスラブで建物の主要躯体をつくろ
うという提案です。このシステムが、実は第一次世界大戦によって荒廃したフランドル
地方のための復興住宅案として考案されたことは重要です。

　ドミノ・システムでは、プレファブリケーションされた土台にスラブと柱を設置し、階段
で上下をつなぎます。これによって壁は構造から解放され、自由に配置することができる
ようになったのです。実現したプロジェクトでは、住人たちがこのシステムをベースにし
て伝統的な屋根や組積造の外観をもった住宅をつくったりしています。ル・コルビュジ
エはこのシステムの可能性に気づき、それをさらに展開することで「近代建築の5原則」
を体現した《サヴォア邸》(1931)などを完成させていきます。

このドミノ・システム提案の背後には、その数年前に彼がアクロポリスで見た屹立する《パルテノン》の柱梁構造の記憶があったと想像します。伝統的なヨーロッパの住宅におけるレンガの組積造は、荷重を壁全体で支える壁構造ですので、大きな開口を取ることが難しくなりますが、ドミノ・システムは開放的です。大げさに言えば、柱と梁で構築されたドミノ・システムは、まさに《パルテノン》のように「水平のアーキトレーヴを遠くへ投げだしている」ような開放性を建築にもたらしたのでした。しかし、それだけではありません。

》建築家＝形の決定者

　さて、皆さんは将来、実際の建築を設計する際に、建築各部の具体的な寸法を決定しなければならない状況にたびたび直面するでしょう。なぜなら建築設計、デザイン一般の仕事とは、まさに形や寸法の決定を具体的に行うことだからです。また、この役割は建築家のみならず、多くのデザイナー、エンジニアにも共通する要素と言えます。そして、寸法決定としての設計行為は、そんな簡単な作業ではないし、大変重い責任をもつのです。例えば、車の設計者がネジやナットのサイズを3.5mmと2mmのうちどちらでもいいや、と言い出したら大変な事態を招きそうですよね。

　形を決定するということは、なぜこの形・寸法になったのかと聞かれたときに、相手を納得させられるだけの根拠をもたせるということです。でも、繰り返しになりますが、それはかなり難しいことです。理想とする外形を、おぼろげながらイメージすることはそれほど難しくありませんが、では、その建築内部の天井高をいくらにしますかと問われたら、すぐに返答できますか？ 例えば、1,500mmか2,500mmかと言われたら、人間の身長を考慮して天井高としては後者が適していることは明らかですね。では、2,500mmか2,525mmかと言われたらどちらでしょう。この数字の違いには、もはやさしたる機能上の違いも、根拠もなくなりつつあります。

　これでおわかりのように、寸法を決定する根拠は、それほど明瞭ではないのです。天井高であれば、人間の身長を含み、さまざまな建築法で要求されている数値、構造的な合理性、現場で用いる建築材のもつモデュールの総和といった根拠があれば、おおよそ決められるでしょう。実際、現在の在来構法ではこのくらいの要素で寸法が決められています。しかし、それは決定的なものではありません。お金が許せば天井高100メートルのトイレ室をつくることも可能です。数値を普遍的に決定することは、本当に至難の業なのです。

fig.3　チャンディーガルの《行政庁舎》(1958)
著者撮影

　　ここで、ル・コルビュジエが都市計画を手がけたインドのチャンディーガルにある《行政庁舎》のファサードを見てみましょう [**fig.3**]。四角いビルの立面という全体の大枠がありますが、それが心地よい窓割りのリズムといくつもの種類の開口のデザインで構成されています。しかも、これらは単調で均質的な構成ではなく、かつ何も決まっていないような混沌としたものでもありません。何か通底しているものがあるように思うのですが、それぞれの開口はとても自由であるようにも感じられます。こうしたデザインは難しいもので、私たちも頑張ればできるかもしれませんが、相当の検討時間を必要とするでしょう。

　　ル・コルビュジエにとって、ギリシア建築からの教えとは、美的適正さとしての寸法の追求でした。ル・コルビュジエにウィトルウィウスが述べているようなギリシア的感性があったことを補足するために引用しておきます。彼は青年時代に抱いていたテーマについて、以下のように語っています。

1900年から1907年まで、彼（ル・コルビュジエのことです。彼は自分のことを客観的に表現しようとする癖があります。自分のことを歴史的人物だと自負しているのです）はりっぱな師の下で自然を研究した。彼は町から遠く離れた高いジュラの自然の中で現象を調べた。当時の流行は装飾の新しい要素を直接自

然の植物、動物ないしは天空の変化の研究から引き出すにあった。自然は秩序と法則であり、統一と無限の変化、微妙で強力で調和的である。——これが15歳から20歳の間の教訓。

——ル・コルビュジエ「第2章 沿革」(『モデュロール I』★ᶜ)、(　)内引用者

　この出だしを読むと、ル・コルビュジエがスイスの霧深い森の中で、〈ピュシス〉と〈アナロギア〉を意識し、その森の成り立ちを〈シュムメトリア〉として把握しようとしていたことがわかります。それに続く文章も紹介しましょう。

19歳の時、彼はイタリアに旅して、芸術品によって個性をあらわすもの、幻想的なもの、優秀な作品を見て歩いた。次にパリは彼に中世の教訓としてその厳格で思い切った姿と、またルイ王の大世紀の要求した優雅さと社交性とを教えた。
——同

　ここでは彼が、イタリアやパリの歴史的建築から学んだことが指摘されています。そして次に、23歳になった彼が突き当たった問題が明らかにされています。大事なのはここです。

23歳で、彼は製図板に彼自身が作ろうとする家の立面を描いた。難問に衝き当る：「すべてのものを結びつけ秩序立てる法則は何であるか」と。「私は幾何学的な問題に直面している。私は専ら視覚現象の中にいる。私は1個の生きものをつくろうとしているのだ。獅子は爪によって獅子たるを知るという。爪はどこにあるのだ、獅子はどこにいるのか?」……大いなる悩み、大いなる混乱、大いなる虚無。
——同

　この文章のとおり、彼の突き当たった難問が、形の決定にかかわる問題であったことがわかります。それも獅子の爪のモチーフを登場させているように、特に立面ですね。先ほど私たちは、天井高の根拠を分析していくことで、形の決定にかかわる要素を検討していきましたが、決定的な根拠を見出すことはできませんでした。それでは、何が足りなかったのでしょうか。ル・コルビュジエの言葉を借りれば、それは「すべてのものを結びつけ秩序立てる法則」であり、一個の意味ある生き物を構成するための「幾何学的な問題」だったのです。形そのものに内在する法則がどうやらあるらしいのです。その気づきについて、ル・コルビュジエはある晩の出来事を報告しています。

ある日、パリの小さな部屋の石油ランプの下で、絵葉書が机の上に並べられていた。彼の目はローマの
ミケランジェロのカピトルの上に惹きつけられた。彼の手はもう1枚の絵葉書を裏がえしてその白い面
を出し、直観的にその1つの角（直角）をカピトルの立面の上に動かした。すると直角がこの構成を支配
し（直角の頂点）がすべての構成を命令していると認められる真理が、俄然あらわれた。これは彼にとっ
て1つの啓示であり、確信となった。　　　　　　　　　　　　　　　　　　　　　　　　──同

　　ある日、ル・コルビュジエは絵はがきに印刷されていたミケランジェロ（Michelangelo
Buonarroti, 1475-1564）のキャピトルのファサードを眺めていて、ふともう1枚のポスト
カードを裏返して重ねてみました。そして彼は、ポストカードの直角を介して基壇と頂部
とそれ以外がつながることに気づいたのです [**fig.4**]。このとき、「直角がこの構成を支配
し『直角の頂点』がすべての構成を命令していると認められる真理が、俄然あらわれた」
というわけです。彼は伝統的な建造物の立面構成において、その形を決定する各点に
幾何学を用いた設計手法が潜んでいることを発見したのです。形自身に形を決定する
根拠が含まれている、これは決定的な発見でした。その後、彼は、彼独自の〈シュムメト
リア〉＝寸法比例体系を発表します。その名前は〈モデュロール〉（Modulor ＝ Module
[モデュール]＋ d'or[黄金]からなる造語）、黄金のモデュール（単位、基準）という意味でした。

》モデュロール＝黄金のものさし（黄金尺）

　　先にもお話ししたように、設計者が単に個人の感覚で寸法の数値を決定したとしても、
社会的な承認を得ることはなかなか難しいわけです。有名な建築家ほど寸法や比例に
敏感で、社会的産物である建築の設計では、彼／彼女らは人々を納得させられるだけ

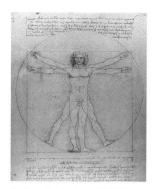

fig.5 ウィトルウィウスの『建築書』の記述をもとにレオナルド・ダ・ヴィンチが描いた人体尺の図

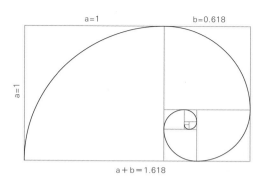

fig.6 黄金比　a：b＝b：(a＋b)が成立する

の論理や幾何を構成して数値を決定してきたのです。なかでもル・コルビュジエは、その問いかけに対する無敵の方法を発明しました。それが〈モデュロール〉です。〈モデュロール〉という「黄金尺」が黄金たる所以は、その寸法体系にギリシア建築譲りの「人体尺」「黄金比」に、さらに新しく「フィボナッチ数列」を加えた3つを組み合わせ、現代的にリファインしたことにありました。これらをひとつずつ説明していきましょう。

▶ 人体尺

　最初は人体尺です。ウィトルウィウスによれば、古代ギリシアの設計者は〈ピュシオロギア〉の考えに基づき、人間の身体のなかに完全性、〈ユーリトミア〉を見つけるようになりました。ギリシア時代のアリストテレス (Aristotélēs, B.C.384-B.C.322) から始まり、時代が飛んでルネサンスで人体尺の考えが再度注目されました。レオナルド・ダ・ヴィンチ (Leonardo da Vinci, 1452-1519) の人体尺が有名です [**fig.5**]。

▶ 黄金比

　次に説明するのは、皆さんにも聞き覚えがあるであろう黄金比です。古代ギリシアの時代、人々は全体から部分に寸法を割り当てるときに、すでに黄金比を用いていました。黄金比は〈シュムメトリア〉の大事な方法でした。もちろん、その方法には黄金比以外にもさまざまなパターンが考えられるでしょう。最も単純な分割方法とは、ある長さを2分割、4分割……としていくような、定数で割っていくモデュールです。これは一般的な等

間隔の〈ユーリトミア〉で、反復することで単純な比例分割関係が成り立ちます。ところがギリシア人は、自然界はそのような単調なリズムだけで構成されていないことに気づいていました。黄金比の発見は、彼らの自然現象に対する知的探求の最大の成果のひとつだと思います。黄金比、または黄金分割とは、次のような関係をもつ比のことです。

$$a:b = b:(a+b) = (a+b):(a+2b) \cdots\cdots$$

つまり、長さaと長さbの関係が、長さbと長さa＋bに等しいということです。この関係が成り立つ比例数を解いていくと、それは以下のようになります。

$$2:(\sqrt{5}+1) = 0.618... : 1 = 1 : 1 + 0.618... = 1.618... : (1 + 1.618...)$$

ここで取り出された比率（約1:1.618）を黄金比と言います。

　長さaと長さbの比が、長さbと長さa＋bとの比に等しいという黄金比は、これを逆に長さを分割していく方向で考えていくとその便利さに気がつきます。例えば、長さ（a＋2b）から黄金比例の関係にある長さ（a＋b）を引くと残った長さはbです。するとbは引かれた（a＋b）と黄金比の関係をもちます。さらに引いた（a＋b）からその黄金比の関係にあるbを引くと、残ったaはbと黄金比の関係を保っています。つまり、黄金比から黄金比を除くと、黄金比が残るのです。このようにして黄金分割は細部にまで展開していきます。

　黄金比で関係づけられた数は、そのすべてが黄金比として論じることができ、この比に基づいてさらに減じたり加えたりしても当然、黄金比を構成します。黄金比のこの論理的に確固とした根拠と強力な展開性があったからこそ、以後ヨーロッパでは最も調和のとれた比例とみなされてきたのです。なぜこのように展開性をもった比例定数を美しいと感じるのかは別次元の話になるので、この講義では割愛します。

　また、黄金比は特別な長方形を成立させます。長辺と短辺が黄金比で構成された長方形は、そこから正方形を取り除くと、もとの長方形と相似な長方形が残ります。あるいは、正方形にだんだん小さくなる正方形をつけ加え、最終的に完全に充填できる長方形です [**fig.6**]。自然の造形のなかにもアンモナイトなど、黄金比の関係が見出せる例が確かにあります。いずれにせよ、黄金比はこのように強力な展開性をもった調和の道具なのです。

　では、現在でも黄金比を用いたデザインはあるのでしょうか。事例を探していたところ、皆さんにもおなじみの、あのコンピュータ会社のリンゴのマークに、黄金比が使われているという説を見つけました。確かに美しい形ですね。このリンゴのマークは文字として登録されているので、誰でも簡単にアウトラインデータを入手できます。試しに作図してみ

たところ、残念ながら完全には一致しなかったのですが、この説を広めたいとみんなが思うほど、現代においても黄金比には相応の魅力があるという、よい事例ではないでしょうか。

設計者、あるいはデザイナーが、クライアントに数値や形の決定理由を問われ、「黄金比を用いました」と答えたとしましょう。提案された形に、クライアントがよほどの嫌悪感をもっていない限りは、「ああ、そうですか」と、そこで承認されることでしょう。なぜなら、黄金比はすでに完全に客観化されているからです。つまり、黄金比は数値を決定するうえでの強力な根拠、説明となりうるわけです。

▶ フィボナッチ数列

このような強力な展開性を人体尺に関係づけることができたらどうでしょう。それは人間の空間を設計する人々にとって、かなり説得力のある寸法になりそうだと思いませんか？ ル・コルビュジエのモデュロールは、それを目指したのです。その際に、ル・コルビュジエはもうひとつの数列を取り入れることで、黄金比と人体尺双方をさらなる展開力をもたせてつなげました。それが「フィボナッチ数列」です。

フィボナッチ数列とは、最初の2項を0, 1として、以後の項はその直前の2つの項の和となって続く数列のことです。イタリアの数学者レオナルド・フィボナッチ（Leonardo Fibonacci, 1170頃-1250頃）がアラビア数字の利便性を挙げた際に、例として紹介したのが、ヨーロッパでは最初となったようです。具体的には、0, 1, 1, 2, 3, 5, 8, 13, 21, …という感じです。この2項を足していく関係は、黄金比の $a:b = b:(a+b)$ に類似しています。その結果、その項が進むにつれて、隣接する2項の比は、急速に黄金比に近似するのです。さらに面白いことに、その初期値に恣意的な数字を入れても、2項の和を繰り返すことによって、連続する2項の比は急速に黄金比に近づいていきます。

実際にやってみましょう。まずはできるだけ変な数値を2つ挙げてください。

──学生：7と555。

いま、「7」と「555」が与えられました。それでは、ここからフィボナッチ数列を組み立てます。

7, 555, 562, 1117, 1679, 2796, 4475, 7271, …

となります。次に、連続する2項の比を求めるためにn＋1項／n項を計算してみましょう。

79.285…, 1.012…, 1.987…, 1.503…, 1.665…, 1.600…, 1.624…

はい、急速に1.618に近づいていくことが確認できました。

　このように、フィボナッチ数列の関係を取り入れると、私たちの空間に関連する多くの数値が、黄金比的に関係づけられて比例の階梯をつくる可能性があることがわかったでしょうか。

≫モデュロール　人間の活動を協和させ、結び合わせ、一丸にさせること

　ル・コルビュジエによるモデュロールは、以下のようなプロセスでつくられました。

①人間の中心である「みぞおち」までの高さ（113cm）と頭までの高さ（183cm）が黄金比の関係にあること

②同じく、みぞおちまでの高さ（113cm）と立って片手を上げたときの全体長（226cm）が整数倍で2倍の関係にあること

　これは、先に紹介したウィトルウィウス的人体の簡単な翻案です [**fig.7**]。そして、みぞおち（113cm）から始まる黄金比の展開を用いて、モデュロールの寸法を決定しました。以下の単位はmmです。先の113cmは、次の数列では1130ですから間違えないようにしてください。

　　　　6, 9, 15, 24, 39, 63, 102, 165, 267, 432, 698, 1130, 1829, ...

　最初の方はフィボナッチ数列的に完全な黄金比ではないですが、まあいいんですね。

　で、これだけだとちょっと使いにくいので、これを「赤のシリーズ」として、全体長（226cm）をベースにした黄金比例である「青のシリーズ」もつくっています。

　　　　11, 18, 30, 48, 78, 126, 204, 330, 534, 863, 1397, 2260, ...

　これらが人間の各部の高さや、寝たとき、腰掛けたとき、窓辺に佇むときなどの、さまざまな活動の情景に関係づけられます。それらは黄金比で関係づけられているので、例えば、ある天井高にロフトの懐を黄金分割で設定すると、残りもきれいな黄金比の関係になり、リズムが生まれることになります。このような操作を繰り返して、あのチャンディーガルの《行政庁舎》のリズミカルな立面が生まれたわけです。

　モデュロールについてル・コルビュジエ自身はこう述べています。

簡単な道具、物に寸法を割りつける助けをする正確な道具。

　a）内包的な役割：調和せる作品

　b）外延的な役割：今日分裂して対抗さえしている人間の活動を協和させ、結び合せ、一丸にさせること。
　　　　　　　　　　　　　──ル・コルビュジエ「第6章 単なる道具」（『モデュロール I』★ᶜ）

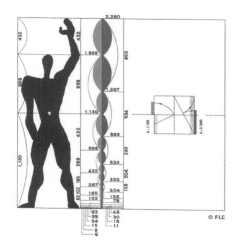

　ル・コルビュジエは、人体尺と黄金比の調和のみならず、モデュロールをさらにより大きな寸法の構築へと展開させることで、「今日分裂して対抗さえしている人間の活動を協和させ、結び合せ、一丸にさせること」までも視野に入れたのです。そのような意味で、モデュロールは第二次世界大戦後の平和を望む機運とギリシア的比例が手を結んだかのような、大変気概のある寸法比例だと思います。黄金比は無限に分割していく方向と、外延に向かって無限に展開させていく方向とを考えることができます。この比率は単純に反復される定尺ではなく、黄金比によってドラマティックに増減します。つまり、人体の基準点を中心として、かつ数少ない階梯で、蟻のスケールから宇宙的スケールまでを連結して考えることができる、そんなふうにル・コルビュジエは説明しています。そんな惑星的なスケールの世界の中に、建築の具体的な寸法が位置づけられ、意味づけられたのでした。あとは皆さんの興味に従って、彼の著作や作品を分析することで、その用法を自分のものとしてください。

》モデュロールへの疑問は他者へ開かれている

　ひとつだけ、皆さんのなかに大きな疑問が湧いたと思います。それは、ル・コルビュジエの決めたモデュロールにおける、みぞおちの高さや全体長の高さが、自分の寸法とは異なっているし、そもそもすべての人類に共通する一定の数値などないのではないかと

fig.8　中谷礼仁《63》（2001）　尺寸モデュロールを用いて設計された長屋の改修例（向かって左）

fig.9　同、内観
fig.8,9 撮影：新建築社写真部

いう大疑問です。

　ここで、〈シュムメトリア〉を思い出しましょう。〈シュムメトリア〉はあくまでも比例関係をベースとしていました。ですから、私自身はル・コルビュジエが決めたモデュロールの固定数値を参照するのではなく、そのもとになった、展開する比例的考え方こそを学んでほしいと思います。

　実は私も、大阪で伝統長屋のリノベーション設計を行ったときに、その部屋に敷かれていた畳の長辺63寸（約1.9m）を基本に「尺寸モデュロール」という寸法をつくって使ってみたことがあります[fig.8,9]。1寸は3mm程度と考えてください。

　3寸、6寸、9寸、15寸、24寸、39寸、63寸、102寸 ...ですね。

　結果として、いくつかのモデュロール寸法によって各部材寸法をコントロールすることで、家屋のさまざまな部分の寸法決定に悩まされることなく、納得づくできれいに収めることができました。そして、なぜか伝統的な長屋の階高がまったくの差なく、このモデュロール102寸に合致したのです。そのとき私は、ル・コルビュジエがトルコの寺院の寸法に黄金比を発見したとき[1]と同じ驚きを抱くことになりました。

★1　ル・コルビュジエ「第7章 実証と終節」（『モデュロール I』[c]）、pp.130-132

参考文献・資料
★A　ル・コルビュジエ『東方への旅』（石井勉ほか訳、鹿島出版会、1979）
★B　中谷礼仁「第7回 構成・速度・時間　アドルフ・ロース／ル・コルビュジエ」（『実況・近代建築史講義』LIXIL出版、2017／インスクリプト、2020）
★C　ル・コルビュジエ『モデュロール I』（吉阪隆正訳、鹿島出版会、1976）

COLUMN▶2

オーディオコメンタリーを活用すべし
映画で見る建築史

▶建築史映画

建築と映画はよく似ている。

まず製作費がほぼ同じである。超大作は高層ビルくらいだし、低予算映画は住宅のリノベーションくらいである。

映画にはセットという偽建築が建てられる。それらは本物らしさが求められる以上に、現実をより圧縮した結果として、象徴性がより高まる。

建築と映画が違うのは、その場所である。建築は特定の場所に建つ特別なものであり、そこに行かなければ経験できない。それに比べ映画はスクリーンを通じて世界のあちこちで繰り返し再生される。もちろん現実の空間体験は貴重だが、映画のなかでの建築体験は、特撮も精緻になったおかげで、現実では生み出しえない効果を発揮する作品も多い。

さらに、出来事の主要な背景となる建築は、映画の主プロットの舞台となり、プロットは建築を仲立ちにして、より広い社会を描くきっかけになる。監督や美術監督には相当の時代考証が要求されるし、それは結果的に製作体制の知性を浮き彫りにする。結果として映画は、描かれる時代を総合的に追体験するのに相当優れたメディアである。

このような映画の利点を知ると、歴史的建築を紹介する際には、その時代に見合った優れた映画をまず見せてから、講義に入ると効果的である。そういう意味での、極上の「建築史映画」とでも言うべき作品が存在する。

私の講義で用いてきた建築史映画は『グラディエーター』（古代ローマ）、『薔薇の名前』（中世）、『2001年宇宙の旅』のスターゲート以降のシーン（ルネサンス以降）、『去年マリエンバートで』（新古典）、『ブレードランナー』（折衷主義）、『スローターハウス5』（近代的複製空間）などである（『去年マリエンバートで』は、私がいまだにこの映画の解説ができないために最近は見せていない）。これらのなかで定番となっているのは、『グラディエーター』（リドリー・スコット監督、2000）と『薔薇の名前』（ジャン=ジャック・アノー監督、1986）である。

▶オーディオコメンタリーとは何か

DVDやブルーレイで映画作品を購入した場合、特典のひとつにオーディオコメンタリーがついているものがあるが、是非聴きながら作品を鑑賞してみてほしい。オーディオコメンタリーのなかには、できた映画を見返しながら、監督、カメラ担当、美術、そして俳優などが各シーンの苦労話を語っているものがある。これは、映画がつくられる背景を知る格好の教材になる。そして、登場する歴史的建築の重要性や、失われた過去の戦争兵器などの想像的復元などを彼らが熱く語るとき、映画の現場によってこそ、歴史的建築や過去の道具の失われた使い方や意味が現れることを知る。それらが本当であったかどうかはわからないが、少なくとも起こりえた。優れた映画の現場は、それら過去を蘇らせる実験場でもある。

▶考証家としても一級のリドリー・スコット

　なかでも、歴史を題材にした映画のみならず、SF映画『エイリアン』（1979）、『ブレードランナー』（1982）や戦争映画『ブラックホーク・ダウン』（2001）など、多彩なジャンルをこなすイギリス人監督のリドリー・スコットは、建築史映画の巨匠の筆頭である。彼の映画は徹底したリアルさを追求する。しかし、歴史やSFを題材にした場合、そのリアルさは当然、いまここにないものである。だからそれは、未知のリアルを追求するための復元作業になる。

　古代ローマの剣闘士を描いた『グラディエーター』では、そんな彼のあざやかな復元作業を堪能できる。想像は創造と近接しているのである。敵地に向かって一斉に、かつ連続的に火の矢を放つ方法は？　古代の戦場において、衛生を保つ方法は？　そのような興味深い問いを監督自ら発想し、優れた歴史考証家を招きつつも、古代人もわれわれと同じ姿形の人間だ、だから「こうやったんだ！」と、最後は歴史考証を突き抜けて過去の現在性を浮かび上がらせようとするのである。

　同映画のなかで建築史的に最も優れたシーンは、モロッコで撮影されたという、実際に建設した木造の円形闘技場のシーンである。僻地のローマ侵略地であれば、なるほどそれはごく小規模な、剣闘士たちの血しぶきが飛んでくるような規模であったかもしれない。そしてその地域の木を使用して組まれたかもしれない。木造の円形闘技場の存在は知らないが、確かにありうる。彼らは実際にその未知の円形闘技場の建設を行ったのである。『グラディエーター』にはこのような創造的復元が冴えわたっている。

▶美学を貫徹するジャン＝ジャック・アノー

　『薔薇の名前』を監督したジャン＝ジャック・アノーのオーディオコメンタリーも面白い。当時はCGがまだ発達していなかったので、迷宮図書館である大塔の姿を実際に建てる必要があった。そのためにプロデューサーが自分の所持するビル1棟を抵当に入れた話など、大作をつくるための苦労話を聞くことができる。

　なかでも面白いのは、アノーが修道院内に置かれたマリア像の製作時代のズレを白状するところである。中世のマリア像はもっと素朴なものだが、ルネサンス期以降のマリア像の美しさは抗し難く、アノーは時代考証を無視してそのマリアを採用したのだという。このような、ちょっとした細部にまでもこだわっているからこそ、『薔薇の名前』における細部の緻密さや、立体的な意味が生きているのだ。講義 [第8回参照] 内でもその点についてよく説明しているので、確認いただければ幸いである。

◎『グラディエーター』作品概要
Gladiator
監督：リドリー・スコット
脚本：デヴィッド・フランゾーニ、ジョン・ローガン、
ウィリアム・ニコルソン
原案：デヴィッド・フランゾーニ
製作総指揮：ローリー・マクドナルド、ウォルター・F・パークス
出演者：ラッセル・クロウ、ホアキン・フェニックス、
コニー・ニールセン
音楽：ハンス・ジマー、クラウス・バデルト、リサ・ジェラルド
撮影：ジョン・マシソン
公開：2000年
上映時間：155分（完全版172分）
言語：英語

◎『薔薇の名前』作品概要
Le Nom de la Rose
監督：ジャン＝ジャック・アノー
脚本：アンドリュー・バーキン、ジェラール・ブラッシュ、
ハワード・フランクリン、アラン・ゴダール
原作：ウンベルト・エーコ『薔薇の名前』
製作：ベルント・アイヒンガー
出演者：ショーン・コネリー、クリスチャン・スレーター
音楽：ジェームズ・ホーナー
撮影：トニーノ・デリ・コリ
公開：1986年
上映時間：130分
製作国：フランス、イタリア、西ドイツ
言語：英語

第 6 回

ローマ帝国の誕生

柱 梁 × アーチ

本講義は映画『グラディエーター』★ᴬを鑑賞してから行っています［**COLUMN 2 参照**］。

　第5回の講義では、ギリシア建築に用いられていた〈シュムメトリア〉や「黄金比」の理論を紹介しながら、建築家ル・コルビュジエの〈モデュロール〉をその現代での展開として論じました。今回からは、2回にわたって古代ローマ帝国時代の建築を扱います。

　ギリシアとローマは続けてひとまとまりに紹介されることが多いのですが、むしろその違いは際立っています。ローマで初めて成し遂げられた建築的事象は数多くありますので、「ローマ的なものとは何か」を意識しながら見ていきましょう。ギリシア建築とローマ建築を学べば、主要な建築構法がおおよそ出揃うことになり、これからの皆さん自身の設計作業にも応用できるでしょう。

　皆さんのなかには、第5回までの講義のなかで、ギリシア建築は神殿建築しか取り扱わなかったことに不満を抱いた方がいるかもしれません。それに比べてローマ建築では、神殿建築以外にも多様なビルディングタイプが登場します。いくつかの事例を、『西洋建築史図集』（以下、『図集』）★ᴮで確認しましょう。

　ギリシア建築に比べ建築規模が非常に大きくなりましたね。《ディオクレティアヌスの浴場》[**fig.1**、『**図集**』**p.22❶**]が印象深いです。これは公共施設としてつくられた超大型浴場です。それから、『グラディエーター』にも登場しましたが、《コロッセオ》[**fig.2**、『**図集**』**p.22❸❼**]に代表される円形闘技場、つまり動物と人間、あるいは動物同士が史実を取り入れた再現劇などで実際に格闘し合うのを観て楽しむ娯楽施設です。ローマでは人々に奉仕する建築が多様化し、公共化、大型化していきました。それと同時に、グラディエーター（剣闘士）として見世物にされた奴隷が存在していたことも事実です。皆さんの映画の感想でも「残虐だ」というコメントが多くありましたが、当時のローマでも、のちに闘技場での行きすぎた残虐行為は廃止されたようです。

fig.1 《ディオクレティアヌスの浴場》（305頃）　Folegandros（CC BY-SA 3.0）

fig.2 《コロッセオ》（80頃）　著者撮影

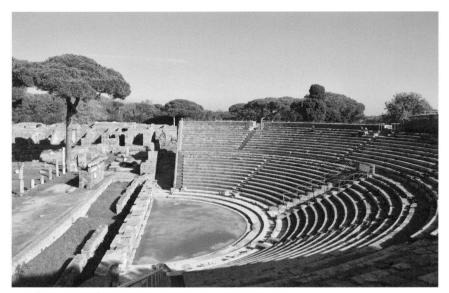

fig.3 《オスティアの劇場》(B.C.1世紀末 -A.D.195) Rabax63 (CC BY-SA 4.0)

　次に挙げるのは、《オスティアの劇場》[**fig.3**、**『図集』p.22 ❷**] です。この平面は完全な
円形ではなく、半円形の客席が舞台を取り囲むように配置されています。現在の劇場
形式に近く、ギリシア時代の円形劇場とは演じる内容や形式が違っていたはずです。

　また、ナポリ近郊にあった古代都市ポンペイ遺跡では、当時の都市住居も発掘されて
います。その街並みから知ることのできる家は、用途の違う中庭が2つもあったり、街路
には下水道が設けられていたりと、現在でも十分使える。いやむしろ、こんな住宅に住
んでみたいと思わせる魅力があります。ポンペイとは、ヴェスヴィオ火山の噴火によって
生じた火砕流で短時間で埋没してしまった都市です。18世紀に再発見され、その発掘
作業によって、埋もれた都市建築の様子が鮮やかに残っているのが見つかったのです。
噴火直後の惨事を反映した土中に残った人型などに加えて、当時の普段の生活の様
子を知るのに非常に役立ちました。

　このように、ローマ建築はギリシア建築と違い、神殿以外の建築にもさまざまな工夫
や技術が投入され、機能や空間性を拡張していきました。そして、土木的規模の巨大
建造物が盛んにつくられたのです。そこで繰り広げられたさまざまな構法の拡張・展開
を、これから順を追って紹介していきましょう。

≫ローマ建築の4要素

　今回の講義のメインテーマは、「ローマにおける建築の拡張」です。ローマ帝国下の諸都市では、公共建築や都市基盤が急激に発達していきました。このギリシア建築とローマ建築の差は、主要な建築構法の違いによるものです。ギリシア建築の講義では、「自然」と「人間」と「建築」とが、比例や幾何によってつながっていく美学を、どちらかというと学究的に説明しました。つまり、ギリシア建築からイメージされるその作者の人物像は、知性的な建築家・計画者です。例えば、《パルテノン》の設計者イクティノスとカリクラテスの名前を記録し、後世に残すのが、ギリシア文明です。

　これに対してローマ建築の場合は、その大きなマッスや複雑な機能を計画し形づくる主体は、ひとりの建築家というよりも組織というイメージが強いです。単独の建築家に対置して言えば、設計施工全般を含めた組織・技術者集団であり、それがローマ建築の基本的特徴のひとつだと言えます。

　例えば、ギリシアの《パルテノン》と並べて称されるローマの《パンテオン》ですが、その創建時の建設を指揮したと伝えられているのは、軍人として幾多の戦闘を指揮したアグリッパ（Marcus Vipsanius Agrippa, B.C.63-B.C.12）なのです（ギリシアのアクロポリスの丘に建つ石造神殿が《パルテノン》で、ローマにある世界最大級のドームをコンクリートで実現した球状神殿が《パンテオン》なので注意してください）。

　さて、そのようなローマ建築には、大きく分けて4つの発展要素がありました。以下のような項目です。

　①アーチ、ドームの活用

　②天然コンクリートの使用

　③新都市づくり：被征服地域のローマ化、植民都市化、建造技術の伝搬

　④集中式とバシリカ式：平面の2大類型化

　①のアーチとドームは、ローマ建築が得意とした建造物の建て方（構法）です。②のコンクリートの使用については、いま数名の学生が訝しい顔をしましたね。それは、コンクリートこそ現代の建築素材の代表的な例と教えられているからだと思います。しかし、それは鉄筋と組み合わせた「鉄筋コンクリート」であって、セメントと骨材を混ぜたコンクリート自体は、ローマの時代にすでに開発されていたのです。これら①②の技術革新によってローマで巨大建造物の建設が盛んになると、③都市づくりとでも言うべきレベルに展開、拡張します。帝国化したローマは優れた軍事技術により、征服したその地をローマ色に染め上げるために、そこに新しいローマ的植民都市をつくったのです。④「集

中式」と「バシリカ式」の比較は初期キリスト教の教会成立以降のことですが、③の都市づくりとは位相の違う建築形式上の拡張の話です。これは、アーチ技術の使い勝手上の限界が平面形式に及ぼした影響に起因しています。しかし、同時にその制限が、克服すべき建築上の新しいテーマになったのです。これは、のちのロマネスクやゴシックにもつながる息の長いトピックになります。今回は、特にローマ建築の拡張のもととなる①②を中心に紹介していきたいと思います。

≫ローマ概史

　まず、ローマの歴史を把握しておきましょう。ローマ帝国は古代最大の帝国のひとつでした。帝国とは、複数の地域や民族を含み、広大な地域を統治する政治形態のことです。中東まで含めると、ローマ以前にはアケメネス朝ペルシアが帝国的な存在でした。同朝はギリシアに侵攻し、その後、ローマが次の帝国として君臨します。紀元前2世紀後半にローマはトルコの西半分を牛耳り、ギリシアを侵略、イタリアの北部やスペイン、チュニジアの方にまで遠征し自らの領土としています。紀元前1世紀中盤になるとさらに領土は広がり、リビアやエジプト、シリアの方まで広がっていきます。そして西暦2世紀のごく初期にはカスピ海沿岸まで展開し、さらにはスコットランドの方まで侵攻しました。最盛期には、ローマ帝国の版図は、東は小アジア、西はイベリア半島、南はアフリカ地中海沿岸、北はグレートブリテン島に及んでいました [**付録地図参照**]。

　およそ紀元前1世紀後半から2世紀後半までの200年間が、ローマ帝国の最盛期でした。ジョヴァンニ・バッティスタ・ピラネージ (Giovanni Battista Piranesi, 1720-1778) による《古代ローマ、カンプス・マルティウスの想像的復元図》[**fig.4**] は、コンスタンティヌス帝 (在位306-337) の時代を描こうとしたものですが、その根拠としたのはアウグストゥス帝 (在位 B.C.27-A.D.14) の時代を描いた版でした。つまりここには古代ローマの最盛期が凝縮されているのです。また、映画『グラディエーター』冒頭の戦闘シーンは180年頃の設定なので、最盛期の終わり頃を描いています。この時代にこの地域で生きる人間にとっては、世界＝ローマ帝国と言っても過言ではないほどの領土の広さでした。

　もう少し詳しく見ていきましょう。ローマが建国された紀元前753年、ローマ市が誕生します。この頃のローマ市は、先進的なエトルリアの支配下にある単なる一地方でした。その後、紀元前509年にローマは共和政に移行し、そしてこの頃、逆にエトルリアを侵略しました。ローマはさらに力をつけ、紀元前3世紀中頃には南イタリアにあったギ

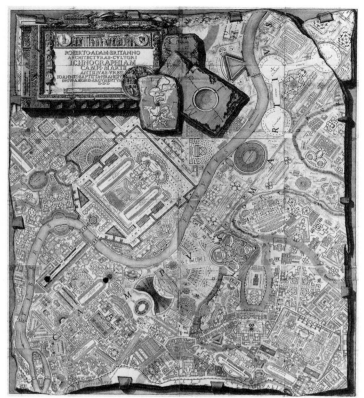

fig.4 ピラネージによる《古代ローマ、カンプス・マルティウスの想像的復元図》
Ghent University Library (CC BY-SA 4.0)

リシアの植民都市を続々と侵略、紀元前1世紀後半には、ほぼ地中海沿岸全域を掌握します。彼らは海路からも侵略を広げていったため、早い段階でアフリカ大陸北岸方面をも征服しました。そして、紀元前27年に帝政に移行します。帝政に移行するということは、民主的な意思決定システムを一転させて権限を皇帝に一任するかたちになります。すると、国の行動はよくも悪くも速やかに進行し、さらなる領土の拡大へとつながっていきました。トラヤヌス帝在位期（98-117）の117年にはその足がスコットランドにまで届きますが、ローマ帝国の拡大はこの頃まででした。なぜこれほどの帝国が滅んだのでしょうか。それは、領土を広げすぎたと考えるのが自然でしょう。

　領土を獲得すれば、その支配によって地域の生産物の収奪が可能となります。しかし、それは領土のマネジメントがしっかりと行われていることが条件です。マネジメント能力

fig.5　スコットランドとイングランドの境界線《ハドリアヌスの長城》（2世紀）

を超えた領土を抱えてしまったときから、その支配は崩れていきます。ローマ帝国は周
囲からの、そして一部内部からの反乱や腐敗を抑えることができず、次第に弱体化して
いったのでしょう。以前、イギリスのBBCの番組で、ローマ帝国の辺境スコットランドに
あった遺跡を見ました。それは《ハドリアヌスの長城》と呼ばれるローマ帝国がつくった
国境確定線なのですが、総延長は約120kmに及び、現在のスコットランドとイングラン
ドとの境界線にも影響を及ぼしていると言われています [**fig.5**]。しかしながらその姿は、
低い腰壁のような壁が続いたもので、一部は形骸化し、現在では横で牛が鳴いていたり
と、とても牧歌的な佇まいでした。長さと高さのギャップがマネジメントの限界を感じさ
せます。帝国はその境界確定後、各地で他の民族からの侵略を受け、徐々に衰退して
いきました。

　そして286年、ひとつの世界をなしたローマ帝国は、ついに東方正帝と西方正帝によ
る分担統治という、事実上の東西分裂に至ります。東ローマ帝国は330年に首都を
ローマからコンスタンティノープル（現トルコ、イスタンブール）へ移し、1453年のオスマ
ン帝国による占領まで、いろいろと政治形態を変えつつも継続していました。一方、西
ローマ帝国は相次ぐゲルマン民族の大移動、侵略行為によって、476年に滅びてしまい
ました。

概史はここまでにして、建築の話に入りましょう。

≫アーチの誕生

　古代ローマ帝国の建築を語る際に欠かせないのが、円弧を空間に架け渡した「アーチ構法」です。アーチの技術は、日干しレンガを積んで天蓋をつくる技術として、メソポタミア文明や古代エジプト文明周辺で発生しました。ローマはアーチ技術を独自に展開させていたエトルリアからその技術を習得し、1世紀頃からその技術を急速に発展させたと言われています。水平な石製の梁（まぐさ）を用いたために、架け渡せる空間規模に限界があったギリシア建築に対して、ローマはこのアーチ技術の可能性を展開させることで、建築の規模と形態を拡張することができました。こうして、多彩な平面や立面をつくり出すことが可能になったというわけです。ピラネージが創造的に復元したカンプス・マルティウス [**fig.4**] の様子を見ると、列柱のほかに円弧を描く壁が混在し、ギリシア建築的な柱梁建築とアーチによる建築が混在した都市構造であったことがわかります。そして、このアーチ技術の極限を実現しようとしたことで、後述する《パンテオン》が建てられました [**fig.11,12**]。

　実はこの巨大な球体空間に並ぶものは、ルネサンスの時代に至るまで登場しません。その建築とは、ルネサンスの最初の建築家、フィリッポ・ブルネレスキ（Filippo Brunelleschi, 1377-1446）がフィレンツェに建てた《サンタ・マリア・デル・フィオーレ大聖堂》（1436）です。このドームの直径が40m強で、《パンテオン》とほぼ同じ寸法になっています [**第11回 fig.2,3**]。ブルネレスキは《パンテオン》が千年以上の時を超えて建っていたことを根拠にしてフィレンツェのドームを設計したのでしょう。このように、《パンテオン》がその後のヨーロッパ文明に与えた影響は非常に大きいものでした。

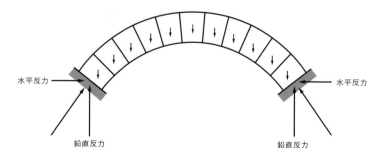

fig.6　アーチの構造

次に、アーチの基本的な性格をお話しします。アーチは上からの垂直荷重を円弧によってその両側に伝達する働きがあります。これによって、アーチの下に空間を確保します。この円弧の作成には定尺のレンガや石が用いられました。それらを均一に並べることでその摩擦力を利用し、一体的な円弧形状をつくってアーチにするのです[**fig.6**]。

　アーチの奥行きをそのまま延ばすとちょうどカマボコのような形のヴォールトになり、中心軸で回転させるとドームになります。柱梁構造に慣れている私たちには、これらの技術は高級なもののようにも感じられるかもしれません。ですが、イヌイットが切り取った氷を積んでドーム（イグルー）をつくっていることからもわかるように、アーチはむしろ、大きな建築素材を扱えなかった地域の、庶民的な発明技術なのです。

　ここで、アーチ技術の源流のひとつがエジプトの庶民的構法であったという証拠をお見せしましょう。エジプト、ルクソールにある《ラムセス2世葬祭殿》の周囲にある倉庫は、その屋根が非常に古いアーチ・ヴォールトでできています[**fig.7**]。しかも型枠を用いず、レンガの摩擦力だけでアーチを組んでいったものです。

　そのつくり方は巧妙ですが実にシンプルです[**fig.8**]。まず、三方にレンガ壁を建て、ほかの2つよりもひとつの壁を高く積みます。その高い壁面にレンガをもたれかけさせながらアーチを積んでいきます。レンガは斜めに積むことが重要です。これによって材の間に摩擦による抵抗が生じ、レンガを落下させることなくアーチを組み上げることができるのです。ひとつアーチをつくってしまえば、あとはそれに従って延長していくだけでアーチ・ヴォールトが出来上がります。この倉庫は焼いてつくった焼成レンガではなく、単に粘土を太陽で乾かしただけの日干しレンガを用いていました。

　アーチは柱なしで空間をつくることのできる素晴らしい技術です。一見高級に見えるこのアーチ構造が、実は非常に庶民的な技術だということがわかっていただけたでしょうか。幾何学は人間の味方、庶民の味方です。幾何学的に考えることで、小さい部材でも大きな建築として組み立てることができるからです。

　ローマ以前のギリシア神殿では、極めて精緻に刻まれた大きな石を積むことで素晴らしい建築をつくり出しました。ところがローマでは、アーチやコンクリートがあれば、レンガや小さい石を積んでいくことでも巨大な建造物が実現できると気づいたのです。ギリシア神殿建築は柱梁構造ですが、第4回でも述べたように、石材を水平に用いるので、その建設規模は石梁の長さによって決まります。石造の柱梁構法で大空間をつくろうと考えた場合、梁を通常より長くする必要があります。しかし、単に長くするだけでは石造の梁は折れてしまうので、それを防止するためには、同時に材を厚くせざるをえません。

fig.7 《ラムセス2世葬祭殿》(B.C.13世紀頃)の周囲にある倉庫。日干しレンガによるアーチ・ヴォールト屋根が架かっている　撮影：河崎昌之

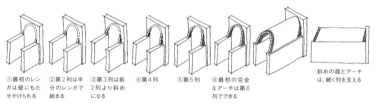

①最初のレンガは壁にもたせかけられる　②第2列は半分のレンガで始まる　③第3列は前2列より斜めになる　④第4列　⑤第5列　⑥最初の完全なアーチは第6列でできる　斜めの面とアーチは、続く列を支える

fig.8 仮設材を用いない日干しレンガによるヴォールト屋根の施工手順（上）および日干しレンガによるヴォールト屋根の施工風景（下）
出典：Hassan Fathy, *Gourna: A Tale of Two Villages,* Ministry of Culture, 1969

fig.9 《セゴビアの水道橋》(1 世紀頃)におけるアーチ　Carlos Delgado (CC BY-SA 3.0)

すると、石梁は異常に太くプロポーションもいびつになり、さらに運搬すら困難になりま
す。そのため、ギリシア神殿建築では巨大建築を建てることはできませんでした。その代
わりに、適正な規模でのプロポーションへのこだわりが美学となって展開したのです。

　これに対して、ローマ建築で用いるアーチやドームは、幾何学のルールにのっとって
いれば、より大規模な建築を建てることができます。この実地的な応用によって、ローマ
帝国は巨大建築をつくることが可能になり、また、多様な都市構造物を建てることがで
きるようになりました。アーチを用いた土木構築物の例として、セゴビアの谷間の街から
最高点が地上30mも宙に浮かんだ《セゴビアの水道橋》[**fig.9**] が挙げられます。その
柱はなんとも不揃いの石を注意深く積み上げた細いものです。水道橋とは、高地の水
源から低地の都市へ直接水を引くために、一定の勾配を保持したまま水を流していくた
めの橋です。途中で土地が谷間になったときに水路を宙に浮かしてしまったわけです。
実は日本の琵琶湖疏水の一部である《水路閣》(1888) がまさにその水道橋です。ロー
マ時代の発明品が日本で実現されるためには、なんと2千年近くの時間が必要だった
のです。《セゴビアの水道橋》の発案者は知られていませんが、これを本当につくってし
まったローマ帝国の技術者たちの組織力と実行力はすごいと思います。建築のみならず、

橋や堤防などの土木構築物も、レンガや小さい石片を積むことから始まるのです。

≫コンクリートの使用

　以前、私が《パンテオン》を訪れたときに、建物の西からアプローチすると、住居を挟むようにしてドームのレンガの一部が家の両側から飛び出しているのが見えました。近くまで見にいくと、その壁体は、もともと古代ローマ時代のドームの一部であって、その残った壁体に家が建てられていたのです。現代の私たちからすると宇宙人みたいな存在であるローマ人ですが、彼らがつくり出した遺跡のなかで、現代の生活が営まれています。まるでピラネージによって描かれた絵のような状況が、現代にも存在しているのです。

　さて、このような魅力的な都市をつくり出した技術として、アーチ、ドームのほかに、コンクリートの使用が挙げられます。現在用いられているコンクリートは、主に焼成セメントによるコンクリートですが、この時代は生石灰や凝灰岩からつくられた天然セメントを用いていました。紀元前3世紀頃から、石造壁の代用としてエトルリアで使用されていたと言われています。外壁にレンガを積み、それを型枠代わりにして、中に砕石を含むセメントを流し込んでいたのです [**fig.10**]。これがローマ時代における天然コンクリートの使用です。この構法が次第に大建築や大架構空間へと展開し、《パンテオン》をつくる技術にまで発達しました。

　それでは《パンテオン》を見ていきましょう。現在の《パンテオン》は、アグリッパが建

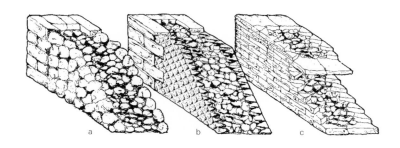

fig.10　コンクリート壁の各種構法
a：乱石積み（opus incertum）、b：網目積み（opus reticulatum）、c：レンガ積み（opus testaceum）
出典：Robert Mark, *Architectural Technology up to the Scientific Revolution*, MIT Press, 1993.

設を指揮した初代《パンテオン》が焼失したのちに、ハドリアヌス帝（在位117-138）の命によって再建されたもので、その建設年代は118年から135年と言われています。外観はひとことで言えばコガネムシのような鎧をまとった形をしています。

　まず、正面入り口にギリシア神殿のようなペディメント（切妻屋根の破風）をもったポルチコ（玄関庇）があり、その後ろにドーム本体部分があります[**fig.11**]。内部に入ると、大きなドームの空間に包まれます[**fig.12**]。多くの観光客が口を開けたままそのスペクタクルを体験しているのが印象的でした。ドーム本体部分は、内径43.2mの真円平面の円堂であり、その上に同じ直径のドームがシームレスにつながっています。さらにこのドーム本体は、同直径の球体が完全に壁に内接するように高さも直径と同じ寸法で計画建設されているのです。そして、このドームの頂部には直径約9mの穴が開いていて直接外気が入ります。この穴が、ドーム内にまるで太陽の運行のような光の軌跡を何時間もかけて巡らせるのです。また、雨の日には穴から雨が降り注ぎ、床面に届くまでに柔らかい霧のように変化します。この着想は、人類史上最もダイナミックなもののひとつだと思います。

fig.11 《パンテオン》外観

fig.12 同、内観
fig.11,12 著者撮影

円堂を外側から見ると、壁にレンガのアーチが何重にも埋め込まれていることがわかります。外径50mを超える真円平面の壁体は、単純にレンガを積むだけではなく、一体的に荷重がかかるようにしてその強度が高められているのです。その上のドーム部分はコンクリートによって形成されていて、大きな荷重をかけないよう、上に行くほどその厚みは薄くなります。断面図を見ると、《パンテオン》の大きな特徴である、壁が徐々に薄くなり頂上に開口が空いている構造がよくわかります。

　ドームの内壁には28個ずつ5段、計140個の格子枠がありますが（格子が上に行けば行くほど逓減する形態的調性が図られている）、これは模様であると同時に、ドームの剛性を保ちつつ全体重量の軽減を狙ったものだと考えざるをえません。さらにコンクリートを軽くするために、ドーム上部の骨材には軽石が用いられたとも言われています。多様な素材の混在的使用、その技術的合理性と統括、一体的な空間の形成という、有史以来の名建築に欠かせないさまざまな要素を集大成したのがローマの《パンテオン》です。

　また、《パンテオン》はその構造だけでなく、建物自体も特殊な意味をもっています。「万神殿」と訳されるように、この空間には、八百万の神が集められているのです。この集められた神々は、ローマが侵略した多数の属国で祀られていた神でした。言ってみれば、各地の神を「人質」にすることで、ローマ帝国の権威が宗教的に超越化されたと言っていいでしょう。《パンテオン》はいわば人間によって模された宇宙であり、八百万の神を祀っているので、そこに太陽の日差しがあまねく差し込むのです。

≫弱い技術

　ここまでの話をまとめましょう。ローマ建築は普通の石や土というどこにでもある素材と、緻密な構築法とを組み合わせたことで成り立ちました。どこにでもある素材というのは、日常的な素材や地場の素材のことです。そこに幾何学を用いた緻密な構築法、先進の科学的思考が加わることで、大規模なローマ建築が出来上がります。

　つまり、征服した土地のどこででもローマ的な技術を発揮できるよう計画されたのがローマ建築なのであり、そのためには、各地で産出される素材によって、たとえ土塊からでもつくり出せる必要がありました。それが帝国の力なのです。

　このようなローマ建築の性質を踏まえると、映画『グラディエーター』の冒頭において、なぜローマがゲルマニアの大部隊を退却させることができたのかということにも、納得することができます。それはローマ帝国が、アウェーであるゲルマニアの戦場まで兵隊たち

を運べるだけのインフラをもっていたからです。そして単に人間を運ぶだけではなく、兵士たちの体力を温存させるファシリティー、つまりは人間が生きる環境までを送り、その場でつくり出すことができたからです。さらにそれらのパッケージを迅速に送るための堅固で平坦な道路をつくることができたからというわけです。

　映画中、戦地のカストルム（宿営地）には、布でつくられたバラックのようなテントがありましたが、あれは兵舎です。ちなみに「バラック」の語源は、ラテン語で文字どおり「兵舎」の意味です。バラックは可搬性に富みます。そして地場の素材と組み合わせ、どのような場所でも機能を発揮することができたのです。さらに戦闘が長期化すれば、彼らは地場の素材でつくったレンガや石や木を用いて、そこに自分たちの要塞を築いたはずです。

　また、映画の中盤に出てくる、撮影のためにアフリカ北部のモロッコに建造されたという木造円形闘技場のセットは、ローマ建築が現地の素材を使って形づくられるという重要な特徴をうまく教えてくれています。実際、同じアフリカ北部のアルジェリアには、「ティムガッド」という植民都市が遺跡として保存され、そこには《トラヤヌス帝記念門》[**fig.13**]という凱旋門が残っていますが、これもまたローマ的なものがアフリカの地にお

fig.13　ティムガッドの《トラヤヌス帝記念門》（2-3世紀頃）　Mac9（CC BY 2.0）

いても展開可能であったことを示しています。

　このようなローマ的構築法の基底には、「弱い技術」があると思います。弱い技術とは、私の著書『セヴェラルネス＋──事物連鎖と都市・建築・人間』[c]にて検討した技術のあり方で、日常的な素材を基本にして、それらを柔軟に組み合わせる使い方のことです。弱い技術では、素材の使われ方は厳密には定められておらず、状況に応じて変わってしまう「弱さ」をもっていますが、その運用の仕方はむしろ応用的、発明的です。

　例えば、戦時にバラックを前線へと運ぶ最も簡単な方法は、現地で可能なバラックのつくり方を1枚の説明書にしてしまうことです。その土地で入手できる素材を主な部品としていれば、建設方法と最低限の器具を運搬するだけでよいはずです。もちろん、短期戦では効果を発揮するパッケージングが運び込まれたでしょう。このような、必要に応じて使い倒される素材や技術志向が、「弱い技術」なのです。

　ローマ市の中心部にある遺跡、フォロ・ロマーノを見てみましょう[fig.14]。ヨーロッパ建築は石造のイメージが強いですが、この広場で石を使っているのは装飾などの大事な部分だけで、躯体は基本的にレンガ積みか、レンガを捨て型枠にしたコンクリート製です。レンガは石に比べれば弱い素材で、コンクリートも固まるまでは軟らかい素材で

fig.14 フォロ・ロマーノ 著者撮影

すが、それらが一体化してアーチやドームを展開することで、しっかりとした建築になることをローマの人々は知っていました。レンガでできた道であれば、多少壊れても後から簡単に補填することができます。そんな「変わりゆく永遠」こそがローマ的なものなのではないかと思います。

　以上をまとめると、「弱い技術」では次の3点が重要です。

①日常的な素材、地場の素材

②柔軟な運用、適用

③背景にある高度な科学知識

　①は言葉のとおりで、現地の素材の利用を重視することです。そうでなければ、征服した土地のローマ化はできないでしょう。

　そして素材は②によって、その時々の用法に従いダイナミックに使われたはずです。戦場においては、高性能な機械よりも何にでも使える1本のロープの方が重視されることも大いにあるはずです。

　③とは、すなわち知恵です。素材の性質を知り尽くし、幾何学的構築法を援用することで、土塊を有用な宝物にします。その象徴がレンガ、そして当時のコンクリートでした。

　これら小さな素材が渾然一体となり、そして大建築をつくり出すことこそ、ローマ帝国がつくり上げた建築の醍醐味です。これが、大きな石を寸分の狂いもなく磨き、建て、築いて、精緻な比例を誇る建築のダイアモンドをつくり上げたギリシア神殿建築との違いです。

　このようにしてローマ帝国は、侵略した先で《ポン・デュ・ガール》[**fig.15**、『図集』**p.19 ❶**]のような大規模土木構築物を建てていきました。《ポン・デュ・ガール》は高さ約50mを誇る最大規模の水道橋で、ローマの植民都市ニーム（現フランス）に水を運ぶためにガルドン川に架けられました。三層構造になっていて、最上部には水が流れ、最下段は幅が広く、柱の脇を戦車や馬車が通れるように設計されたと言われています。《パンテオン》の建設も指揮したアグリッパの命により建てられたとされています。

　このような壮大なスケールとダイナミクスをもった建造物をつくることは、どんな意義をもっていたのでしょうか。異なる文化をもつ諸地域を統括し、帝国を拡大していくためには、単に敵を皆殺しにし、その地域の文化を殲滅させればよいというわけではありません。ローマ帝国の侵略の目的は、敵地を支配してその地の生産物を収奪することです。収奪した地にローマの優れた技術力を注入して、さらなる生産力の飛躍的向上も図ったことでしょう。そのためには、侵略した地域の人々に対し、圧倒的な文明力を見せつけ

fig.15 《ポン・デュ・ガール》（紀元前後）　ignis（CC BY-SA 2.5）

る必要があったはずです。そのとき、ローマ建築、そして土木物は、敵がそれまで考えも
しなかった奇跡的な人工物として眼前に現れたに違いありません。

　彼らは戦争に勝利して侵略した際に、新鮮な水を獲得するための水道橋をつくります。
地域の民からすれば、いままで沼の水を飲んでいたところにアルプスの山々からの新鮮
な水を引っ張ってこられたら、驚嘆せざるをえないでしょう。さらに彼らの神はローマ市
の中心、太陽輝く《パンテオン》内部に収められてしまいます。こうして、ローマ人は自
分たちの文明の力を構造物によって誇示することで領地を広げていったのです。ウィト
ルウィウスが『建築書』に記録した建築の実際は、こういう状況を背景にしていたはず
です。いずれにせよ、この水道橋が建てられてしまえば、その地域の抵抗は困難でしょう。
その水道橋は水を運ぶと同時に、迅速に戦車が到着する道路の一部にもなっていたの
ですから。

参考文献・資料
★A　映画:『グラディエーター（Gladiator）』（リドリー・スコット監督、2000）
★B　日本建築学会編『西洋建築史図集（三訂版）』（彰国社、1981）
★C　中谷礼仁『セヴェラルネス＋──事物連鎖と都市・建築・人間』（鹿島出版会、2011）

第 7 回

ローマ都市と世界
集 中 式 × バ シ リ カ 式

　前回についての皆さんからのレビューを読むと、ギリシア建築と比べたローマ建築の多様さ、社会性、広がり、あるいは強い侵略性について指摘していたものが多くありました。ローマ建築はギリシア建築に比べて展開力が高いということですね。ではその事例として、『図集』★Aに掲載されたローマ建築を見て復習しましょう。

　『図集』の古代ローマの紹介は、古代都市ローマの250分の1スケールの大型復元模型の俯瞰写真から始まります [**fig.1**、**『図集』p.18 ❶**]。この模型は、1937年に開催されたアウグストゥス生誕記念展に合わせ、当時の独裁者ムッソリーニ（Benito Mussolini, 1883-1945）が歴史学者を総動員して復元させたものです。いまでも、ローマ南の新都市エウローパ（EUR）地区にあるローマ文明博物館に展示されています。当時のローマの、錯綜した都市開発の有様が見て取れます。

　その隣のページには、前回お話ししたように、ローマ帝国が地域をマネジメントするためにつくった水道橋《ポン・デュ・ガール》[**第6回 fig.15**、**『図集』p.19 ❶**] などの大規模公共建築物が掲載されています。さらにページをめくると、同じくすでに詳しく紹介した《パ

fig.1 古代都市ローマ復元模型
所蔵：ローマ文明博物館
著者撮影

ンテオン》[第6回 fig.11,12、『図集』p.20❷❸❺❻] が登場します。

　その隣のページには、当時のローマ帝国の植民地に建設されたローマ建築の遺構例も載っています。現レバノンのバールベックの神殿 [第4回 fig.6、『図集』p.21❸❹] や現シリアのパルミラの《ベール大神殿》[『図集』p.21❶❷] ですね。これらを見ると、ギリシアからローマに伝わったオーダーがさらに洗練されながら、さまざまな地域で展開していったことがわかります。ほかにも、歴代皇帝の家族の墓である《ハドリアヌス廟》の復元図 [『図集』p.21❼] があります。円形平面を重ねた墳墓の上に森が生い茂るというダイナミックなものです。

　さて、今回お話しするのは、以上のような多様かつ高い生産性を誇ったローマ帝国の建築から生まれた2つの展開です。そのひとつは、隆盛する古代ローマ帝国の諸都市のあらましです。そしてもうひとつは、「集中式」「バシリカ式」という2つの教会建築の形式問題です。

≫ローマ的都市拡張法の展開

　まずは《ヴィッラ・アドリアーナ》[fig.2] を見ていきましょう。これは建築をこよなく愛したハドリアヌス帝 (Publius Aelius Trajanus Hadrianus, 76-138, 在位117-138) のヴィッラ (別荘) です。ローマから2時間ほどバスで移動したティヴォリというところにあるのですが、この建築のつくられ方が、ローマ的な都市拡張を体現しているように思います。

　このヴィッラは単なる別荘ではなく、執務作業も行えるように計画されていました。多彩なゲストも各地から招待されたことでしょう。ヴィッラには、平定したローマ帝国の各地を巡歴したハドリアヌス帝の思い出がたくさん注ぎ込まれたようです。そのため、当時の植民地各地の多様な景観や、際立った特徴をもつ建築が混在しています。そして、それらの建築や庭は彼の記憶の世界に準じつつも、地形に従い自然に寄り添うよう配置されています。例えば、エジプトの運河を模したと言われる「カノプス」[fig.2 (27)] は、谷間に沿うように設置され、その終端にあるアレキサンドリアの神を祀った「セラピス神殿」[fig.2 (28)] に行き着きます。

　この別荘全体の配置からは、乱雑になりがちな要素をまとめ上げる非凡な構成力を感じ取ることができます。建物や庭のもつ意味ごとにまとまりある形を与えつつも、配置角度も違うそれらの要素の結節点にドーム式小建築を連結することで、その複雑さを一体としてまとめることに成功しているのです。

この構成方法は人間の肢体の関係のようです。腕を例に見ると、手首から肘までの前腕と、肘から肩までの上腕は、両者の角度が自由であっても、関節さえあればひとまとまりの腕として認識が可能です。つまり、前腕と上腕は互いに独立していながらも、全体としてはまとまっています。それと同じ効果を、関節としてのドーム建築がもたらしているのです。その象徴が「海の劇場」[**fig.2（6）**]で、周囲の建物の軸線を集中させ連結する要になっています。

　また、この視点で先の銅版画家ピラネージによる古代都市ローマの想像的復元であるカンプス・マルティウスを見ると、関節としてのドームが、ローマの錯綜する都市にリズムを与えるよう、要所要所に使われていることがわかります[**第6回 fig.4**]。自然都市であったローマもティヴォリの《ヴィッラ・アドリアーナ》同様、そこに所在するそれぞれの建築に対し、自然の地形環境をもとにしたさまざまな角度を与えているのです。そしてそれらはドームによって結節され、統合化されています。

　この方法こそが、ローマという具体的な都市の拡張法だったのではなかったかと私は

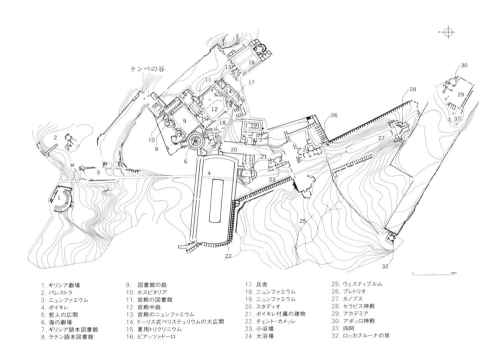

1. ギリシア劇場	9. 図書館の庭	17. 兵舎	25. ウェスティブルム
2. パレストラ	10. ホスピタリア	18. ニュンファエウム	26. プレトリオ
3. ニュンファエウム	11. 宮殿の図書館	19. ニュンファエウム	27. カンプス
4. ポイキレ	12. 宮殿中庭	20. スタディオ	28. セラピス神殿
5. 哲人の広間	13. 宮殿のニュンファエウム	21. ポイキレ付属の建物	29. アカデミア
6. 海の劇場	14. ドーリス式ペリステュリウムの大広間	22. チェント・カメッレ	30. アポッロ神殿
7. ギリシア語本図書館	15. 夏用トリクリニウム	23. 小浴場	31. 四阿
8. ラテン語本図書館	16. ピアッツァドーロ	24. 大浴場	32. ロッカブルーナの塔

fig.2 《ヴィッラ・アドリアーナ》（133）　出典：『磯崎新＋篠山紀信 建築行脚3』（六耀社、1981）

思っています。この地形環境に従った非幾何学的な配置は、ローマという地域がもともと小さな村から次第に大きくなっていったことに起因します。各地を征服するたびに戦勝記念と称して建築を建立し、次第に大きくなってしまったスプロール都市が、ローマなのです。

しかし、ローマ帝国による各地の植民都市づくりは正反対でした。征服先がさまざまな場所であるにもかかわらず、彼らは最も計画しやすいグリッドプランの定型で都市をつくったのです。ローマの都市の広がり方と逆というのは、面白いですね。

実は、現在の東西ヨーロッパ、地中海地方、そして地中海側のイスラムの主要都市は、このローマ帝国の植民都市が礎となって、現在まで持続、展開してきました。ロンドン、パリ、ケルン、ベオグラード、ソフィア、イスタンブール、ダマスカス、スース（チュニジア）などがそうです。これら侵略後につくられた都市は、ローマの為政者たちにとって、その時点での最も合理的な理想都市であったのかもしれません。

このように、首都と周辺の間には、ある意味での逆転現象が起こります。中心地には、不完全さを許容するローマ的真実がありました。そして周辺都市にこそ、ローマ的完全性があったのです。

≫ローマ人はどのように植民都市をつくったか

ここで、ローマ建築と都市を理解するためのオススメの本を紹介します。デビッド・マコーレイ著『都市──ローマ人はどのように都市をつくったか』★Bです。文字どおり古代ローマ時代の植民都市が出来上がるまでを描いた絵本です。この作者は有名な歴史的建造物を題材にした絵本作家として知られていて、このほかにも『カテドラル──最も美しい大聖堂のできあがるまで』★Cなどの著作があります。

では、この絵本『都市』を用いて、ローマ帝国の植民都市がどのようにつくられたのかを見ていきましょう。この絵本には、北イタリアに計画された新都市「ウェルボニア」という架空都市の建設物語が描かれています。退役軍人のためにつくられた現アルジェリアに位置するローマ都市遺跡「ティムガッド」[第6回 fig.13] の実際のプランをヒントに、ポンペイに代表される発掘成果やウィトルウィウスの『建築書』の記述を駆使して、そのつくられ方を大変具体的に復元し、紹介しています。

最初のシーンは、皇帝アウグストゥスと武将たちが、洪水の被害に遭ってしまった地方に商業取引のための中心的な新都市をつくろうと、その計画を話し合っているところです。ここで重要なのは、まずその被災地に45人の軍事技術者が送り込まれたことです。

その技術者たちとは、建築家、測量技師、構造の専門家たちでした。実際にそのような職業が当時確立していたかどうかはもう少し検討する必要がありますが、まさにそのような働きをするエンジニアたちが存在し、彼らが軍隊の一員として参加しているのです。軍隊は戦争をするだけではなく、その征服地の維持のために、その後も長期的にその場所を管理し続ける役目をもっていました。

　実際、当時のローマ植民都市の入植者には、退役軍人が多数含まれていたようです。そして同時に技術力、あるいは手に職をもった捕虜を中心とした戦争奴隷たちが送り込まれ、都市をつくり続ける役目を担わされたのでした。新しい都市の第一歩は、まさにバラック（兵舎）の一団から始まるわけです。

　ちなみに、現在の私たちのバラックのイメージはボロ小屋ですが、もともとの意味は、それとは少しずれています。日本近代のバラック研究者でもあった考現学者、今和次郎の定義によれば、私たちが勝手につくった小屋はバラックではなく「ハット（hut）」です。バラックとハットとの違いは、バラックは規格化されたプレハブで、ハットはDIYやその場しのぎの仮小屋であることです。それを踏まえて言えば、バラックを組み立てるということはむしろ、「その場所で社会的な管理が始まる」という宣告でもあります。

　ここで、映画『グラディエーター』がいかによくできていたかがわかります。侵略したゲルマニアの地でのカストルム（宿営地）には、テントのバラックがありました。おそらく同じ場所に数年は滞在したはずです。その間に、新しい役割の人々が加わり、テントが次第に恒常的な建築へと変わり、そうして都市が始まっていくのです。

　絵本では、占い師による国見の後に技師たちが測量を始め、計画に合わせて大地に計画線を刻んでいきます。当時の植民都市には定型がありました。カストルムから始まった新都市の外形は、正方形に近い長方形でした。南北に走る主要道路は「カルド」、東西に延びる主要道路は「デクマヌス」と呼ばれます [**fig.3**]。架空都市ウェルボニアの規模は、その主要道路を幹として、縦横が660mと570mで計画され、収容想定人口は5万人とされました。

　グリッドで街区を構成された都市の中央には、市全体の会議の場であるフォルム（広場）と市場が置かれ、そのほか公共浴場や、公共水道を兼ねた噴水が計画されました。そして、市壁寄りには円形闘技場と劇場という大型娯楽施設が計画されました。ウェルボニアの都市計画は、現存するローマ植民都市の骨格に共通しています。そのことから、この計画が想定された紀元前25年頃には、このような新都市づくりのひな形が出来上がっていたことがわかります。

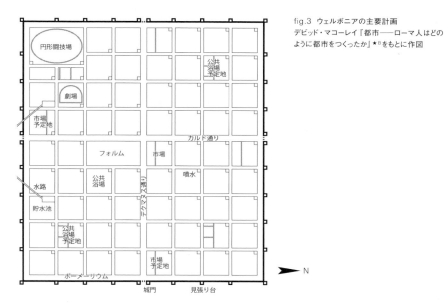

Inside the map (labels):

円形闘技場

公共浴場予定地

劇場

市場予定地

カルド通り

フォルム

市場

水路

公共浴場

噴水

デクマヌス通り

貯水池

公共浴場予定地

市場予定地

ポーメーリウム

城門

見張り台

N

　奴隷出身の各職人たちが石を切り出し、レンガを焼き、周囲の森から木を調達した後
は、建築家や技術者たちが、てこの原理やローラーを用いながら、より複雑な建設機械
や橋を組み立て、都市づくりが加速していきます。ローマへつながる道も地盤改良工事
がなされ、新設されました。新都市の始まりは軍事技術者と奴隷たちによって運営され
ていたのです。そうしてつくった道を馬車や戦車が通ることで、わずかな日数で現地に
着くことができます。このようにして、ローマは各地を迅速に支配、管理していきました。
　そして都市壁が建ち、ローマ帝国各地からの本格的な移住が始まります。本格的な
都市の運営に必要なのは、都市に住む人々に新鮮な水を供給することです。ここで水
道橋の登場です。マコーレイの絵本には、水道橋建設の様子と同時に、都市に多様な
人々が入り込んでくる様子が描かれています[**fig.4**]。この絵本の秀逸なシーンのひとつ
だと思います。
　こうして、さまざまな種類の店や住まいが徐々に建てられ、都市の内実が出来上がっ
ていきます。この絵本はポンペイ遺跡の発掘で判明した内容を多く参照していますが、
飲む水あれば捨てる水ありということで、ローマ植民地には下水道まで設置されていま
した。また、道路は清潔とは言い難かったので、飛び石を置いて人間が通る場所を設け
ています。この飛び石は馬車の無謀な運転を止める機能も果たしたに違いありません。

fig.4　水道橋建設に並行して、都市に多様な人々が入り込んでくる様子
出典：David Macaulay, *City: A Story of Roman Planning and Construction*, 1974

　前回の講義の感想に、アーチの型枠をどのようにつくるのかという質問がありました。
その答えも、この絵本のなかにあります。まず両側に壁を築き、木でアーチの型枠を組
みます。そして、その上に石を並べていくと、摩擦力で固定され建物が出来上がります。
そうしたら型枠をずらし、また延長して使えばよいのです。前回お話ししたエジプトの日
干しレンガのようにかすかな摩擦力のみによってつくるのではなく、この時代にはもう
しっかりと型枠を使っていたのですね。

　水道の利用の様子を描いた絵も面白いです。水道橋から来た水が、サイフォンの原
理によって給水塔に自然に上がっていき、蛇口をひねると常に水が出てくる様子が描か
れています。ローマ帝国時代の水道橋のいくつかはいまでも現役で使われており、なん
と２千年超えのインフラ施設です。

　こうしてだんだんと都市が大きくなり、マーケットが生まれていきます。ポンペイ遺跡
の住宅を例にとると、それぞれの住宅には中庭があり、水が引き込まれていました。水洗
便所まで整備され、現代都市より部分的には良好な生活環境がすでに成立していたの
です。そして、人々は居酒屋で酒杯を交わし、公衆浴場でひと風呂浴び、円形闘技場や
劇場で観劇を楽しむ。そのための建物が建てられ、最終的な都市の姿になっていきます。

　このように、都市のひな形となる都市構成物のセットが導入され、文明が発展すると、
もはやこれが以降の都市の骨格にならざるをえないわけです。素晴らしい建築や水道
橋などのインフラの数々は、都市を成立させる要ですから、いつかローマ帝国が滅ぼさ

れたとしても依然として残るでしょうし、実際に残りました。バラックから始めるローマ帝国の都市づくりは、このようにして世界各地の都市のインフラとして、その面影を残したのです。

　私は2004年にシリアの首都ダマスカスを訪れました。いまでは内戦で無残な姿になっていますが、現代的都市が続くなかにメディナ（旧市街）がありました。ある日の早朝、ひとりでメディナを歩いてみました。そこはマーケットの中心地で、商店が続いており、通りにはアーケードが架かっていました。まだ店も開いておらず、人影もまばらでした。その通りは大きなスーク（市場通り）でした [**fig.5**]。

　スークでは、細い鉄製アーチの天蓋が延々と続いていました。天蓋の継ぎ目から光が漏れ、通路に長い光線を落としていました。スークというと、もっとごみごみした感じかなと思っていたのですが、その道は真っ直ぐでやや印象が違うと感じました。アーケードの天蓋がふと消えたとき、見晴らしのよい広場が現れました。地図を見ると「ユピテル神殿跡」と書いてありました。《ユピテル神殿》は、ローマ帝国時代の建造物のはずです。さては、と後ろを振り返ると、いま歩いて来た天蓋と通路両側の商店を支えていた柱にアカンサスの柱頭が載っていました [**fig.6**]。そのアーケードは、ローマ時代につくられた

fig.5　ダマスカスのスーク（市場通り）　著者撮影

東西通り、いわゆるデクマヌスの1本だったのです。このように、イスラムの古い都市に
もローマの植民都市がインフラとして残っていたのです。

≫「集中式」と「バシリカ式」

　ここからは頭を切り替えて、建築形式についてのトピックに移ります。

　高い技術力と展開力を誇ったローマ建築は、395年の東西ローマ帝国の分裂によっ
て、大きな2つの展開に分かれます。東ローマ帝国は、首都をコンスタンティノープルと
し、ギリシア、アナトリア、シリア、エジプト圏を支配しました。西ローマ帝国は、首都は
ローマ（のちにミラノやラヴェンナに移転）とし、支配圏は安定しないのでまとめにくいので
すが、現在のヨーロッパの中心地のほかに、イベリア半島や北アフリカを支配していまし
た。

　東西ローマ帝国には、それぞれに異なる宗教建築の平面形式が展開しました。「集
中式」と「バシリカ式」です。両者は対照的な立場にあるわけではないのですが、比較し
て考えられがちです。まずはこれらについて、少々乱暴ですが整理してみましょう★1。

　集中式は、ドーム架構が主構造となった宗教建築の形式と、それによる独特の建築
的詳細とテーマの総称です [fig.7]。これは東西分裂後の東ローマ帝国で生き残り、発

fig.7 集中式の例 《サン・ヴィターレ》（526頃 -547）

fig.8 バシリカ式の例 《サンタポリナーレ・イン・クラッセ聖堂》
（549）
fig.7,8 © 2020 Google

展しました。

　バシリカ式は、木造の小屋組（屋根を支える構造のこと）をもつ柱梁架構が主構造と
なった宗教建築の形式と、それによる独特の建築的詳細とテーマの総称です [**fig.8**]。
西ローマ帝国において展開し、その後のヨーロッパの教会形式の原型になりました。順
に詳しく見ていきましょう。

≫集中式　円形ドームと方形平面の矛盾

　それでは集中式から、概要と形式が抱えたテーマについてお話しします。ここでの
テーマとは、様式や形式に内在する矛盾とその解決方法のことです。矛盾といっても悪
い意味ではありません。様式や形式が後世まで持続するとき、そこには「長期にわたっ
て解決すべき根本問題＝テーマ」が存在するのです。あらゆる建築には、特に架構方法
の特徴によって、それぞれにメリットやデメリット＝限界があります。その限界を解決す
るために、平面、立面、断面、詳細のなかに、その様式や形式固有の特徴が展開するの
です。つまり、形自体に内在する問題なので、それを解決しようとするデザイン意図が持
続的に加わるわけです。この考え方は是非覚えてください。

　集中式の建築は、ドーム架構に由来します。円形以外には、十二角形、八角形、六角
形という多角形の平面が特徴です。それゆえ、ドーム架構による建設の限界をもちます。
たやすく想像できると思いますが、多角形では中心の1点から均等に架構が放射される
ために、一方向に奥行きを延ばすことが難しくなります。このことは、儀礼に奥行きが必
要な宗教にとっては都合が悪いことでした。さらに根本的な問題もあります。ドームに
最もよく合致する平面は円形ですが、私たち人間の座標は、前後左右という知覚上の

基本的な性質があるために、身体的な観点からは四角い空間を好みます。つまり、ドーム架構の「円形」と、身体感覚的に好ましい平面である「方形」の間には矛盾が生じてしまいます。

　皆さんはこのズレをどのように解決しますか？

　東ローマ帝国の技術者たちは、この問題に対して２つの幾何学的解決策を導き出しました。ひとつ目の解決は、正方形平面にドームを内接させる方法です（この方法は東ローマ帝国のみならずペルシアの他地域でも発達しました）。しかし単に内接させるだけでは、正方形の壁体とドームの間に差が生じ、四隅に隙間ができてしまいます。そこでこの四隅に斜めに部材を渡し、ドーム端を八角形平面にすることで、ドームと壁との隙間をほぼなくすようにしました。この技法を〈スクィンチ〉（フランス語でトロンプ）と言います。正方形平面とドームの差によってできた四隅を小アーチで埋めていくことも可能です[**fig.9 左**]。この方法がさらに発展すると、イスラム建築に特有の、鍾乳洞で垂れ下がる鍾乳石のような小さなアーチが宝石のように展開する「ムカルナス」の詳細が出来上がります。スクィンチをさらに多数の細かいドームに分解したような詳細です。このように、解決が根本的に困難な様式は、さらに新たな解決としての様式を生み出し続けるのです。そして、円形と方形のズレはいつまで経っても存在し続けるのです。これは集中式

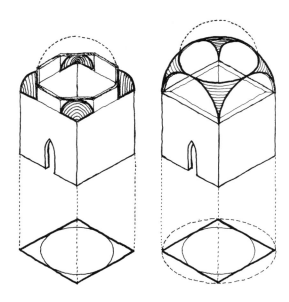

fig.9　左：スクィンチ（トロンプ）
　　　右：ペンデンティブ　著者作成

建築の普遍的問題です。

　2つ目の解決は、正方形平面にドームを外接させた〈ペンデンティブ〉と呼ばれる方法です。正方形平面よりドームの方が大きくなるので、同平面から飛び出すドーム部分は削り取ってしまいます。すると、切り取った部分が開口になると同時に、正方形の建物の四隅に、傘のような優雅なドームが点的に載るという驚くべき形態を生み出します。まさに、宙吊り（ペンダント）の宇宙的な形態です［**fig.9 右**］。

　このペンデンティブを用いた例に、イスタンブールにある世界遺産《アヤソフィア》があります［**fig.10,11**］。《アヤソフィア》は単なる集中式ではなく、そのなかにバシリカ的要素も組み込まれた複雑性をもつ点が重要です。ペンデンティブによって空いた開口にアーチをつけ、ペンデンティブドームの上にさらにドームを載せるという工夫が見られます。

　この情報を頭に入れてからこの建物を訪問すると、ドームがそこに存在していることの緊張感に圧倒されること間違いなしです。実際、《アヤソフィア》は地震や自重に耐えきれず、過去に何度も崩れています。そんなギリギリのバランスのうえに設計されているので、後年にはドームを補強するためのごつい控え壁が建物外部につけ加えられています。その結果、現在では物々しい要塞のような建築になっているのですが、補強がな

fig.10 《アヤソフィア》(537) 外観

fig.11 《アヤソフィア》内観

fig.11 **著者撮影**

かった創設当時の建物は、奇跡的な軽さをもっていたと想像されます。

　この建物の最初の設計主任であったアンテミオス（Anthemius, 474-534頃）は、優れた発明家であり幾何学者でしたが、建築の設計は初めてだったという信じられない話が伝わっています。竣工当時は怖くて内部に入れない人が続出したかもしれません。まさに究極の幾何学と物質とのせめぎ合いだと思います。

　この集中式が発達したのが東ローマ帝国（ビザンティン帝国）であることから、その様式を「ビザンティン様式」と言います。この様式誕生の背景には、新都市建設のために世界各地から優秀な建築家を呼び寄せたり、建築家を養成するなどの、当時の東ローマ帝国による努力があったことが知られています。このビザンティンでの建築の発展は、東ヨーロッパやロシアにも伝播していきますが、のちに西ヨーロッパにも、次に紹介する「バシリカ式」を発展させるための高度なアーチ技術として再度還ってきます。交易によって東ローマ帝国とも強い関係のあったヴェネチアにある《サン・マルコ寺院》（1063-1090頃）もビザンティン様式の傑作です。是非訪れてみてください。

≫バシリカ式　日本の木造建築との共通課題

　バシリカ式についても同じように紹介していきましょう。バシリカ式は木造小屋組の柱梁式建築から始まりました。ここまで多様なローマ建築のことを話しておいて、なぜ木造の柱梁式なのかと疑問に思うかもしれませんが、それはこの形式が、西ローマ帝国以降のヨーロッパにおける、キリスト教教会の平面形式の原型になったからです。それはなぜでしょうか。

　実は、その理由はあまりよくわかっていません。「バシリカ」の語はギリシア由来で、古代ローマ時代には極めて一般的かつ普遍的な多目的集会所を指す言葉でした。ギリシアの場合、神殿は石造でしたが、一般建築は木造で建てられていたと思います。ギリシア・ローマのバシリカ（集会所）は、少なくとも梁より上の小屋組は木造が一般的でした。わからないのは、なぜそのような一般的な集会所がキリスト教教会の平面形式となったかです。一説では、公認前のキリスト教集会を行う場所が、必然的に粗末な小屋や納屋であったからだと言われています。ほかには、キリスト教が既往の宗教的空間を嫌い、最もフラットなバシリカ式を選択したという説もあります。いずれにせよ、バシリカ式が木造小屋組・柱梁構造から始まったのは、現存する初期キリスト教教会（改造されていることが多いのですが）の佇まいを見ても間違いないことです [fig.12上]。

　柱梁構造には、ドーム架構とはまた違った限界があります。水平に梁を架け渡すため、

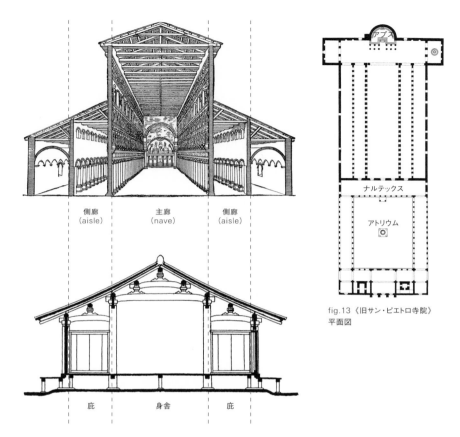

側廊
(aisle)

主廊
(nave)

側廊
(aisle)

fig.13 《旧サン・ピエトロ寺院》
平面図

アプス

ナルテックス

アトリウム

庇

身舎

庇

fig.12　初期キリスト教教会《旧サン・ピエトロ寺院》創建時復元断面図（上）と
《法隆寺伝法堂》断面図（下）

架構可能な梁の長さの限界が、建物の規模の限界となるのです。ここで話をわかりやす
くするために、日本の木造建築の考え方を実験的に引き合いに出しつつ、このバシリカ
式の限界と、それによって生まれた様式的特徴を理解してみましょう。

　日本の木造建築では、方形平面をつくる場合、柱の上に梁と桁という水平材が載りま
す。梁と桁の違いは置かれる方向の違いです。その上に三角屋根を載せたシンプルな
方形平面をイメージしてください。犬小屋の屋根でも構いません。犬小屋の場合、屋根
は正面から見ると三角形に、横から見ると長方形に見えますね。日本建築では、屋根の
姿が三角形に見える側を妻と言います。そして、妻側に用いられる水平材が梁と呼ばれ
ます。一方の屋根が長方形に見える側は平と言い、平側の水平材が桁と呼ばれます。

同じ水平材でも、梁、桁の性格には、実は決定的な違いがあります。それは、平側の桁は無限につなげて延ばすことができるのですが、妻側の梁を無限に延長することは無理だということです。その理由は、梁を飛ばして確保された無柱空間の幅は、その梁の材料の性質の限界に依存するからです。また、屋根の勾配を保ったまま梁を延ばすと、三角屋根の高さがどんどん高くなってしまいます。そういうわけで、木造・柱梁式の方形平面は、平側は桁をつなげて延長することができるけれども、妻側の梁の長さには限界が生じるのです。

　この問題は、木造・柱梁式が長く抱える問題（解決すべきテーマ）でした。それでは、日本の木造建築は、この問題、つまり妻側の間口（幅）を広げる（梁を延長する）問題をどのように解決したのでしょうか？

　その解とは、〈身舎−庇〉システムです。身舎は主要な空間＝ボディ（身）を意味します。母体を意味する母屋という当て字が使われる場合もあります。その間口を延ばすには、先にも説明したように、水平材の特性、屋根の高さとの連動によって限界が生じます。その限界を回避しつつ、妻側の間口を広げるために考案されたのが庇です［**fig.12下**］。

　庇は身舎の外側に取りつく片流れ屋根を示しています。つまり、身舎の両側に側柱を立て庇を設けることで、屋根の高さを上げることなく、妻側の間口を広く取ることができるのです。この〈身舎−庇〉空間は、日本建築、ひいてはその源流の中国木造建築の基本的な空間構成法です。〈身舎−庇〉でも間口の延長には限界があるのではないかと思った学生の方は、すでにこの〈身舎−庇〉問題に参加しています。そのさらなる解決法とは、庇の外側にさらに庇を付加することです。これを孫庇と言います。庇は反復可能なので、理論的には妻側の間口延長問題は、〈身舎−庇〉システムによって解決されているのがおわかりでしょうか。

　ここでバシリカ式の話に戻りましょう。バシリカ式教会の典型的平面を見てください［**fig.13**］。その平面は長方形です。長い方が日本建築で言う平側で、短い辺の方が妻側です。屋根を見てください［**fig.12上**］。確かにバシリカ式平面の短辺の屋根は日本建築の妻側の屋根と同じ形状になっていて、その切妻屋根の両側には「庇」空間まで付加されています。

　「ちょっと待ってくれ、さっきの話は日本建築の話で、いま話しているのはバシリカ式なんだから、同じはずがないではないか」と思う人がいるかもしれません。しかし、残念ながらと言うべきか幸いにもと言うべきか、日本建築の〈身舎−庇〉システムと、バシリカ式のシステムは、構法としては同じ問題を共有しているのです。構法上の問題に共通

性を見出す、こういう比較の仕方は、物事の普遍性を考えようとすることにほかなりません。

　バシリカ式が実は〈身舎−庇〉空間と似た構法を採用していたことに気づくと、バシリカ式平面に走っている3つの廊（側廊−主廊−側廊）の成り立ちが、原理的に理解できるようになります。3つの廊を区画しているのは柱の列です。真ん中の主要な廊を「主廊（nave）」と言い、これは日本建築の身舎に相当します。対して外側寄りに位置する狭い廊を「側廊（aisle）」と言いますが、これが庇に相当します★2。

　つまり、真ん中の主廊と左右の側廊で構成されるバシリカ式平面は、教会の妻側の間口を広げようとして成立した、木造・柱梁構法に由来する必然的な形式だったのではないでしょうか。細かく言えば、主廊だけでできたバシリカ式平面は「単廊式」、側廊が左右にくっついた平面を「三廊式」、そして、さらに大規模なものは側廊が二重についた「五廊式」となりますが、もうすでに皆さんは、五廊式が〈身舎−庇〉システムでの孫庇を付加した空間形式と同じであることが、はっきりわかったのではないかと思います。

　以上が、教会空間に主廊と側廊が発生した理由になります。これを踏まえて、バシリカ式平面の各部特徴の、基本ですがさらなる理解に進みましょう。

≫現在に残るバシリカ式教会

　歴史上、最も有名なバシリカ式初期キリスト教教会は、バチカンの《旧サン・ピエトロ寺院》[fig.13] です。このバシリカは当時最も大規模なもので、五廊式でしたが、現在の《サン・ピエトロ寺院》の建設によって建て替えられてしまいました。復元平面図や外観図はあるので、ここからバシリカ式の平面形式を知ることができます。

　その構成は、「前庭部」＋「身廊部」＋「アプス」です。前庭は教会内部に入る前に設けられた空間で、アトリウムと建物前の庇下空間である「ナルテックス」からなります。身廊部は先に説明した主廊と側廊のことです。「アプス（apse）」は象徴的な意味をもつ半円平面もしくはドーム部分で、主廊の最も奥に付加されます。アプス周辺は、奥行きのあるバシリカ空間の消失点を飾る部分として重要です。

　原型に近いバシリカ式初期キリスト教教会はほとんど残っていませんが、ラヴェンナに行くと見ることができます。《サンタポリナーレ・イン・クラッセ聖堂》[fig.14] で、皆さんはバシリカの妻側間口を規定した、木造の梁と小屋組を見ることができるでしょう。

　最後に、ローマでバシリカ式教会の残り香を感じることができる、3つの教会を紹介します。

fig.14　《サンタポリナーレ・イン・クラッセ聖堂》（549）内観
撮影：伊藤喜彦

fig.15　《サンタ・マリア・イン・トラステヴェレ聖堂》（3世紀創
建）内観　著者撮影

　ひとつ目は、《コロッセオ》近くにある《サン・クレメンテ教会》です。ここでは、前庭部
の空間がよくわかります。残念ながら、バシリカの建物自体は12世紀初頭に再建された
ものですが、それでも規模や空間から昔の雰囲気を感じることができます。さらに、地下
にはそれ以前の建物が残っていて、ローマの重層性を見るのによいと思います。

　2つ目は、20世紀初頭に可能な限り創建時の姿に復元された《サンタ・サビーナ教
会》です。ここでは、三廊式のバシリカ式教会の典型的平面を見ることができます。主
廊上も側廊上も木造小屋組となっていますから、〈身舎−庇〉空間との共通性を味わっ
てください。

　3つ目は、テヴェレ川を渡ることになりますが、《サンタ・マリア・イン・トラステヴェレ聖
堂》[fig.15]をお勧めします。創建は3世紀と言われ、ローマ最古の教会のひとつであり、
聖母マリアを祀った初めての聖堂です。現在、バシリカ部分は後世の様式（ロマネスク）
になっていますが、その内部空間に残る初期バシリカ風の雰囲気は濃厚です。主廊と
側廊の間の柱列は、その柱頭を見るとバラバラな形をしており、転用材（スポリア）だと
わかります。つまり、この教会がもとの教会の転用によって成り立っていたことを知るこ

とができます★D。

　ここでは、アプスの象徴性を確認しましょう。真っ暗なアプス空間の中に図像が現れます。真ん中に座すキリストと冠をつけたマリア、その脇に殉教者たちや献堂したインノケンティウス2世が並んでいます。バシリカ空間の一番奥に神が宿る場所を設け、そこに聖人が描かれているわけですが、大変素晴らしい空間です。見学当時、アプス近くに置かれた装置にお金を入れると、真っ暗なアプスに光が照射されるようになっていましたが、素朴な仕掛けで気に入りました。黄金のモザイクで包まれた聖人たちの姿から、宗教的法悦の空間の雰囲気がよく伝わってきます。

　これで今回の講義は終わります。次回からは、ローマ帝国が滅んだ後、ヨーロッパが中世という乱世の時代に入っていった話になります。そのときに何が起きたのかを学ぶ前に、まずはウンベルト・エーコ著『薔薇の名前』★Eをもとにした映画を鑑賞しましょう。非常によく練られた作品ですので、この映画を通して、これから扱うヨーロッパの中世を感じてもらいたいと思います。

★1　本書では、ローマ帝国の版図の西側、のちの西欧諸国におけるバシリカ式建築と、東ローマ帝国における集中式建築とを対比させることで、古代ローマ時代の終焉から初期中世にかけての建築空間と構造の二大潮流を整理している。ただし、東ローマ帝国にも木造天井のバシリカ式建築は存在し（例えば7世紀テッサロニキの《ハギオス・デメトリオス》）、西欧でもドームで覆われた集中式の建築は建てられていたことに注意（例えば5世紀のローマの《サント・ステファノ・ロトンド》）。ラヴェンナで集中式の《サン・ヴィターレ》(fig.7)とバシリカ式の《サンタポリナーレ・イン・クラッセ聖堂》(fig.8,14)が同時期に建てられているように、両形式は古代末期から初期中世にかけて地中海世界の広い範囲で並存していたと考えられる。（伊藤喜彦）

★2　これを見ると、バシリカ式にあって日本の〈身舎−庇〉空間にないものもある。例えば、《旧サン・ピエトロ寺院》のほかにも多くの初期キリスト教会に取り入れられたバシリカ空間は、主廊上部の柱筋にハイサイド・ライト（高窓）を採用して、内部空間に光を採り入れている。

参考文献・資料
★A　日本建築学会編『西洋建築史図集（三訂版）』（彰国社、1981）
★B　デビッド・マコーレイ『都市──ローマ人はどのように都市をつくったか』（西川幸治訳、岩波書店、1980 [原著 City: A Story of Roman Planning and Construction, 1974]）
★C　『カテドラル──最も美しい大聖堂のできあがるまで』（飯田喜四郎訳、岩波書店、1979 [原著 Cathedral: The Story of Its Construction, 1973]）
★D　加藤耕一『時がつくる建築──リノベーションの西洋建築史』（東京大学出版会、2017）
★E　ウンベルト・エーコ『薔薇の名前（上・下）』（河島英昭訳、東京創元社、1990 [原著 Il Nome della Rosa, 1980]）
　　映画：『薔薇の名前（Le Nom de la Rose）』（ジャン=ジャック・アノー監督、1986）

第 8 回

修 道 院 の 誕 生

古 代 末 期 × ロ マ ネ ス ク

　本講義はウンベルト・エーコ著『薔薇の名前』[★A]をもとにした映画『薔薇の名前』を鑑賞してから行っています。

》『薔薇の名前』を見る

　今日は事前に鑑賞してもらった映画『薔薇の名前』をもとに授業をしていきたいと思います。この映画の年代設定は1327年でした。北イタリアの荒涼とした山筋に位置するカトリック修道院が舞台です。その修道院は6世紀から活動を始めた伝統あるベネディクト会が運営していました。清貧的刷新を目的として新しく発足したフランスコ会の修道士ウィリアムは、そこでの教義をめぐる討論会に参加するため、見習い修道士のアドソを引き連れ修道院にやって来ます。極めて論理的な知性をもつウィリアムが、その修道院で発生していた連続殺人事件の謎を解明します。そして、事件の背後には、有数の図書館を擁していたこの修道院に秘匿されたギリシア由来の禁書があったというお話です。

　この映画は、言語学者にして小説家でもあったウンベルト・エーコ（Umberto Eco, 1932-2016）による、映像化不可能と言われていた精密な原作を、基本知識抜きでも楽しめるところまで落とし込んでつくられた一級品です。映画内では時代背景がよく検討され、それが建築、空間、そして小物のデザインに反映されています。それらをベースにして、中世という時代について説明していきたいと思います。

　そもそも「修道院（monastery, abbey）」とは何でしょうか？ monasteryはもともとmonoという接頭辞から派生した言葉で、ギリシア語でひとり住まいを意味するようです。と、ここで突然ですが、地ビールの話をしたいと思います。ビール好きなら、ベルギー製ビールの定番のひとつ「シメイ（Chimay）」をご存じかもしれません。実はこのビールの歴史を辿ると、その発祥はベルギーのシメイという地域にあった修道院でつくられたも

のだとわかります。現在でもその醸造は修道院内にて行われているようです。なぜ修道院で、しかもよりにもよってアルコール飲料がつくられているのでしょうか?

キリスト教に関連するアルコール飲料と言えば、「最後の晩餐」で登場する赤ワインが有名ですね。彼らがアルコール飲料をつくっていた理由は、修道院の自給体制とその過酷な生活条件に関係があります。修行のための荒地には、常に豊かに水が存在するとは限りません。そのため、彼らはブドウなどの果実によって得られる水分を糧としたのです。そしてそれを長期にわたり保存するため、醸造する技術を必要としたのでした。ですから、ワインを血にたとえることは大変重みがあり、彼らにとって水分を得ることがいかに過酷だったかを物語っています。

私は以前、アナトリアの遺跡を探索中に水不足で倒れてしまったことがあるのですが★B、養生先の乾いた大地にたくましく育っていたブドウを見て、その存在の重要さに気がつきました。

そもそも修道院とは、修道士(monk)や修道女(nun)が俗世を離れ、教義に基づく厳格な戒律のもと宗教的生活を行うための家、空間でした。ですから、そこには祈りの空間のみならず、彼らが生活し、働くためのサバイバル装置一式が備わっていたのです。このような、俗世間から切り離された孤絶空間での自給自足体制から派生し、修道院の運営維持のためにチーズやビール、日本の北海道ではトラピスト会のクッキーなんてものもありますが、そういったものを、商品として外部に販売している場合もあるわけです。

さて、修道院も規模によって呼び名が違います。アビー(abbey)は修道院長(abbot)の管理下の大規模な修道院、プライアリー(priory)は小修道院なので、『薔薇の名前』の舞台となった修道院はアビーですね。そして、その荒涼としたロケーションの背後には、以上のような修道院の生活・機能・空間的特徴が込められているのでした。

》架空の修道院と幻の修道院計画案

修道院の自給自足生活をより精密に反映すべく、書籍には『薔薇の名前』に登場する架空の僧院の平面配置図が掲載されています(日本語版では見返しに掲載)。それを確認すると、修道院は周囲を高い塀で囲まれた閉鎖的な空間になっていることがわかります [fig.1]。その敷地の中心には祈りの空間である教会と、それに付属して中庭をめぐる回廊、宿坊、参事会室などが設けられた建物群があります。さらに周囲の庭を挟んで、敷地の壁沿いにさまざまな機能の小建築が建てられています。保健施設である施療院、沐浴所、労働施設である豚小舎、馬小舎、鍛冶工房などです。『薔薇の名前』では、こ

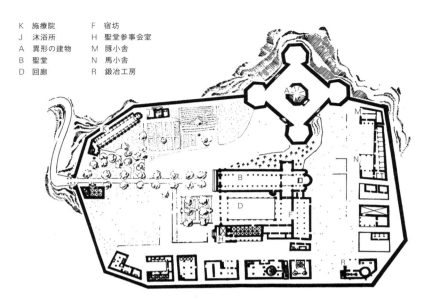

K 施療院　　F 宿坊
J 沐浴所　　H 聖堂参事会室
A 異形の建物　M 豚小舎
B 聖堂　　　N 馬小舎
D 回廊　　　R 鍛冶工房

fig.1 『薔薇の名前』に登場する修道院の配置図
出典：Umberto Eco, *Il Nome Della Rosa*, Bompiani, 2017

れらの各種施設が殺人現場などの効果的な舞台となって、修道院ならではの事件の迫
真性を高めているわけです。

　作者のエーコはこのようなリアリティーのある設定を、どのようにして考え出したので
しょうか。それはおそらく、スイスの《ザンクト・ガレン修道院》所蔵の「理想の修道院計
画図」[**fig.2**、**『図集』p.32❹**]**★¹**が参考にされています。この図面は、実際に建造された
修道院のものではなく、計画図としてこの修道院の図書館に収められていたものです。
ちなみに、ウィトルウィウスの『建築書』は、この修道院図書館の所蔵物のなかから
1415年に再発見されました。ギリシア・ローマの建築の本質を伝える、たった1冊の書
物がこの修道院に眠っていたという事実は、まるで『薔薇の名前』の事件そのものです。
非常にミステリアスなことですが、ギリシア・ローマに関する書物が異端的な扱いを受け
ていた時期があったのかもしれませんね。

　ここで、その計画図面を詳しく見ていきましょう。まず、左側に正門があり、中心建物
の教会へつながっていきます。映画では、ドイツの有名な《エーベルバッハ修道院
（Eberbach Abbey）》跡で教会と付属施設の室内ロケを敢行しました。この修道院は、
ベネディクト会シトー派の修道院として1136年に設立されました。《ザンクト・ガレン修

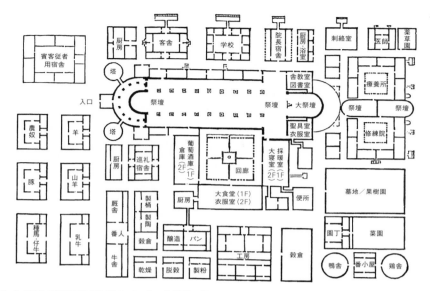

fig.2 「理想の修道院計画図」(《ザンクト・ガレン修道院》所蔵、820頃)

道院》にあった計画図面の教会も、ロケに用いた教会も、『薔薇の名前』の架空の修道院内の教会と同じくバシリカ式で、中央の主廊の両側に側廊をつけた最も基本的な三廊形式です。いずれの教会も、付属の中庭を囲んで修道士たちの寝室や食堂が配置されています。さらに計画図面のなかの敷地全体を見渡すと、実にさまざまな施設が計画されています。働く人用の農奴小屋、来客用の賓客宿舎、学校、修道院長館、刺絡室、医者の部屋、薬草園、病院、病院にある祭壇、墓地、野菜畑、鶏小舎、納屋、工房、食堂直結のパン焼き室、麦を挽く臼、石を砕く臼、かまど、陶器をつくる場所があり、馬、牛、山羊、羊などもいます。ここには修道院の人々の理想の生活像が詰め込まれているのです。

　『図集』の巻末解説によると、「修道院は修道士と同数以上の農・牧・工人を収容するので、時には1000名以上の規模におよぶことも」★2あったようです。『薔薇の名前』の架空の修道院の配置図面とこの計画図面とを見比べると、前者は後者を簡略化したものであることがわかると思います。

　さらに続けましょう。『薔薇の名前』を鑑賞する直前に、私は皆さんに「この映画に登場する建築で時代背景を違えた架空の建物があるのでそれを見つけてください」と言

fig.3 『薔薇の名前』の「迷宮図書館」　写真:AFLO

fig.4 ピラネージ《牢獄》

いました。上映会後の皆さんからの感想を読むと、ほとんどの人が気づいたようです。それは塀に面して崖に屹立して建てられた、石積みの高層棟の「迷宮図書館」です[fig.3]。この内部の迷路的階段は、明らかにピラネージの版画シリーズ「牢獄」の内観風景に影響を受けています[fig.4]。中世はもちろん、現代にもこのような建物は存在しません。この迷宮こそが、このフィクションの最も建築的に実現された部分だと思って見てください。

　このように、『薔薇の名前』の舞台設定は大変精妙にできていて、修道院とは何か、宗教的生活はどのようにして行われたかなどについて、総合的な情報を与えてくれます。細かい訂正は自分で勉強していくとよいと思います。監督のジャン=ジャック・アノー（Jean-Jacques Annaud, 1943-）も自ら釈明していますが、部分的に時代設定よりも自身の好みを優先した部分があるようです。例えば、アドソが祈りを捧げる写実的な聖母マリア像は明らかにルネサンス以降の様式です。詳しくはDVDに収録されたオーディオコメンタリー[COLUMN 2参照]で監督自身がその理由を述べていますから、是非聴いてみてください。

》中世とは何か

　さらに、『薔薇の名前』では小道具の効果的な使用が冴えています。例えば、ウィリアムが色彩鮮やかな書写本を眺めるために両眼のメガネ[fig.5]を使ったとき、書写係たち

fig.5　両眼鏡

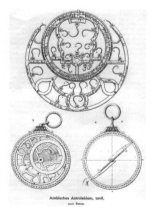

fig.6　アストロラーベ

がびっくりしてひそひそ話をします。さらに、ウィリアムが宿泊室で天体観測用の精密な機械であるアストロラーベ [**fig.6**] 一式を取り出すのですが、その最中に人の気配がしたので、とっさに寝具で隠すシーンがあります。両眼メガネもアストロラーベも、実はイスラム発祥の器具でした。当時のイスラムは、ギリシア・ローマの文化が温存された文化的先進地帯だったのです。先取精神旺盛なウィリアムはこれら異教の発明品を積極的に活用し、伝統的な修道士たちは異国の文物を訝しがるという構図がここから透けて見えます。ここには、ギリシア・ローマ末期からヨーロッパ中世の間にある錯綜した歴史が隠れているのです。

　修道院についてのひととおりの説明を終えたので、ここで簡単ではありますが、古代末期からヨーロッパ中世までの歴史一般にも少し踏み込んでおきます。

　まず、中世（Middle Ages）という時代区分です。現在の定義では、中世とは西ローマ帝国滅亡（476）からルネサンス成立までの、およそ千年間のことを言います。しかし、そもそも「中世」＝「中間の時代」という言葉自体が、不思議な言葉ではないでしょうか。その当時の人々が、自分たちの時代を中世と呼ぶはずはないのですから。このことからも明らかなように、この時代区分は後世の人が使ったものです。その語源が見出されるのはラテン語の「medium aevum」の翻訳が最初で、1610年代と言われています[★3]。

　その頃のヨーロッパは、ルネサンスによってギリシア・ローマを彼らの原点、古典（栄光の過去）とする時代認識が確立していました。その結果として、ルネサンス以前で、かつギリシア・ローマ的ではない、よくわからない時代を過去（ギリシア・ローマ）と現在（ルネサンス以降）の間の移行期として中世と名づけたわけです。

　このような特別な意味をもつ中世という時代区分は、17世紀当時、ヨーロッパ文明のなかで曙光に満ちた時代として再発見されていたギリシア・ローマとは異なった、第二の故郷（それは時として、こちらこそがオリジナルのヨーロッパであるという心情を伴う）として現れてきます。中世のイメージの典型である鬱蒼とした森、騎士の理想的な紳士的振る舞いなどは、そのような心性の現れなのです。この心性は『薔薇の名前』を貫く薄暗さにも通底しているわけです。

　この中世という時代ですが、それを2つに分け、ミレニアム（千年紀）以前を古代末期とし、以降を中世とする主張もあります（厳密にはややずれていますが、詳しくは自身で確認してみてください）。ミレニアム以前のヨーロッパの歴史は、その後に比べて論じるための物証も少なく、その時期の史実は錯綜しており、建築活動も停滞しています。さまざまな建築史の教科書を見る限り、私はこの区分を消極的に認めざるをえない状態です。

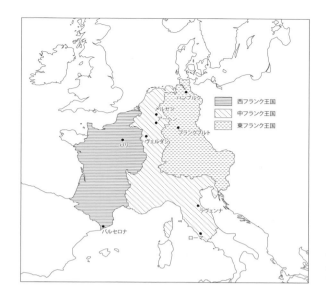

西フランク王国
中フランク王国
東フランク王国

・ハンブルク
・ブレーメン
・アーヘン
・ケルン
・フランクフルト
・パリ
・ヴェルダン
・ラヴェンナ
・バルセロナ
・ローマ

fig.7　カロリング朝の版図。ヴェルダ
ン条約（843）によるフランク王国の
分割

　そういうわけで、まずは古代末期から中世初期の錯綜した歴史状況を概説し、そのうえ
で、その後の、ヨーロッパ世界が安定し始めた時代に生まれた建築様式を紹介したいと
思います。その建築様式とは、一般に〈ロマネスク〉と呼ばれているものです。

　さて、ではヨーロッパにおける古代末期とは、一般にどんな世界だったのでしょうか。
それは弱体化した西ローマ帝国の領土に他民族が波状的に押し寄せてくる、もがくほ
ど逃れられない蟻地獄の罠のようなイメージをもつといいのではないかと思います。

　4世紀後半、アジアのフン族に迫害されたゲルマン民族（西ゴート族）が、ドナウ川を
渡りローマ帝国の領土に侵入しました。ゲルマン民族の大移動ですね。しかし、このゲ
ルマン民族の侵入は1回では終わらず、東ゴート族、続いてノルマン人と波状的に押し
寄せて来たのです。そしてそれに立ち向かったのが、ローマ帝国の文化を吸収し教化さ
れた初期ゲルマン民族、というややこしい構図が始まります。

　481年にゲルマン民族のなかのフランク族によるメロヴィング朝が誕生し、496年に
その王であるクローヴィス（Clovis I, 466頃 -511）がカトリックに改宗したことにより、
ローマ教会との結びつきを確固たるものにします。そして、同じくフランク族によるカロリ
ング朝が751年に成立します。この国は現在のフランスからドイツ、イタリアにわたる大
帝国であり、本格的にキリスト教化された世界でした。彼らによって初期キリスト教建

築は受け継がれます。

　しかし、話はそれだけでは終わりません。その後、中近東で発生したイスラム教勢力が8世紀から9世紀にかけて急速に力をつけ始め、地中海地帯はイスラム圏化します。イスラム教徒が、地中海沿岸やイベリア半島からヨーロッパ圏を取り囲みました。これによって、カロリング朝や分裂後のフランク王国は、ヨーロッパで閉じた文明を築き上げることになります。図は、ローマ帝国がなくなった後、843年のカロリング朝の版図です [fig.7]。3つの地域で分割統治されていて、周囲にはイスラム勢力が構えています。

　さらに、9世紀末には北方ノルマン人が西ヨーロッパに侵入してきます。911年にフランク王国がノルマン人に領土の一部を割譲したことでノルマンディー公国が誕生し、中世世界の土台ができました。キリスト教に基づく世界観は、この錯綜した歴史のなかで、諸侯が正当性をうたう唯一のよすがになりました。キリスト教教会は、王国に比肩する強い権力をもちましたが、その一方で、失われていった土着の神も多かったはずです。

　このような歴史的背景のもと、中世が展開していたわけです。詳細は割愛しますが、イスラム文化の流入は、その後、11世紀末から13世紀にかけての十字軍遠征によってもヨーロッパにもたらされました。『薔薇の名前』の背景には、このような錯綜した古代末期を含み込む、中世初期の歴史があったわけです。この前後の11世紀頃に、ようやく様式としてまとまっていったのが〈ロマネスク建築〉なのです。

≫ロマネスク建築前夜

　前回までの講義で、ローマ帝国の東西分裂、キリスト教の教会建築様式の発生、さらに東ローマ帝国での建築文化の高まり（ビザンティン建築）までをお話ししました。東ではドーム架構をもとにした集中式が、西では柱梁架構をもとにしたバシリカ式が主流になったのでしたね。それではその後、ヨーロッパの中心となる西側では、バシリカ式はどのように発展したのでしょうか。

　まず、キリスト教、そしてローマ的文化に教化されたカロリング朝によって、バシリカ式の初期キリスト教建築は受け継がれていきます。その現存する遺構はあまり残っていません。復元研究も進んでいますが、すでに同時期の《ザンクト・ガレン修道院》所蔵の計画図を紹介したので割愛します。

　ただひとつ、私が是非行ってみたいと思いつつ、まだ果たせていない場所を紹介しておきましょう。それはスペイン北部の、当時小さな王国だったアストゥリアス地方のオビエドにある教会建築群です。もともと宮殿の一部だった《サンタ・マリア・デル・ナランコ

fig.8 《サンタ・クリスティナ・デ・レーナ教会》（9世紀頃）外観
撮影：伊藤喜彦

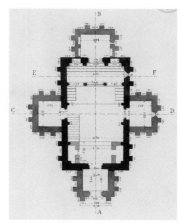

fig.10 同、平面

fig.9 同、断面

fig.9,10 作成：Ricardo Velázquez Bosco
提供：Museo de la Real Academia de Bellas
Artes de San Fernando, España, Madrid

教会》（848）をはじめ、9世紀頃に建立された《サン・ミゲル・デ・リーリョ教会》、《サン
タ・クリスティナ・デ・レーナ教会》[fig.8-10]は、いずれも似通った建築形式をもっていま
す。

　それらはみな、小規模な矩形平面に、木造小屋組ではなくアーチで補強した石造の
ヴォールト天井が架けられています。当時の教会は、現地の農民たちの協力のもと、一
つひとつ石を積んで建てられた信仰心の塊であるという逸話もあります。すべてがそう
であったはずはありませんが、それを表すような写真があります。建築史家の藤森照信
先生が実際に現地に行かれたときの写真です[fig.11]。

　《サンタ・クリスティナ・デ・レーナ教会》の内観を撮ったその写真には、ヴォールト天
井をつなぐ三連のアーチが飛んでいました★4。整形されていない石が危なっかしく積ま
れたその様子には、地域の人々がつくり上げたであろう DIY の雰囲気が濃厚に感じられ

fig.11 《サンタ・クリスティナ・デ・レーナ
教会》内観
撮影：藤森照信

ます。このような構法を可能にしたのは、この建物の大きさが、納屋とほとんど変わらな
い小規模なものであったからだと思います。なぜ彼らが木造小屋組を用いずに、石を順
次積むことによって屋根・天井部をも構成しようとしたのか、私にはよくわかりません。し
かしながら、すべてを石で構築したこの建築の姿が、実はロマネスクの誕生を予見した
プリロマネスク教会の本質だったのではないかと思います★5。

》《ル・トロネ修道院》の建ち方

　本日の講義の最後に、ロマネスク教会建築の至宝のひとつである《ル・トロネ修道
院》[**fig.12-16**]を紹介し、次回の講義へつなげたいと思います。

　この施設は、彫刻や美術による教示を禁止した、ベネディクト会の一派、シトー会の
修道院になります。シトー会が建立した他の多くの教会群に比べて、彼らの理想をより

純粋なかたちで実現した極めつけの建築です。通常より徹底的な完全性を目指してつくられていると考えられます。シトー会には特に厳しい戒律がありました。その戒律のおおもとは、ベネディクト会の創建者である聖ベネディクト（Benedictus de Nursia, 480頃-547）が自ら著しています。その戒律には、『薔薇の名前』で描かれた修道院生活のように、沈黙を重んじ、笑いを禁じ、俗世との不用意な接触を避けさせようとする掟が書かれています。

　そのなかの一説で聖ベネディクトは、彼ら修道士の住まいが岩の上に建てられていたため、洪水や突風から守られたことを説いています★6★ᶜ。

　航空写真でその立地を見るとわかりますが、この修道院も人里から離れた山間に建てられています。周囲は森に囲まれた異世界です。『薔薇の名前』の修道院は荒涼とした山の上にありました。ここは南仏プロヴァンス地方なのでもう少し緑豊かな山ではありますが、明らかに俗世から離れた場所に立地させるという意志が感じられると思います。

　そして、《ル・トロネ修道院》は先に紹介した石へのこだわりを遵守し、石のみを建築

fig.12 《ル・トロネ修道院》（1147、1200頃再建）中庭

fig.13 同、内観

fig.14 同、内観　　　　　　　　　　　　fig.12-14 著者撮影

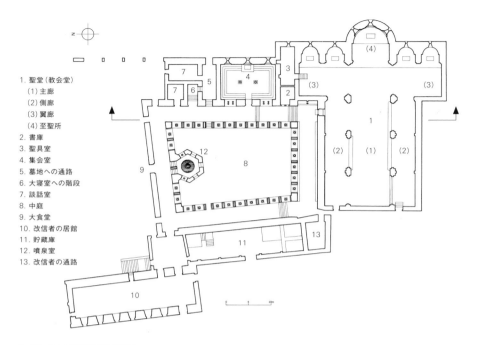

1. 聖堂（教会堂）
　(1) 主廊
　(2) 側廊
　(3) 翼廊
　(4) 至聖所
2. 書庫
3. 聖具室
4. 集会室
5. 墓地への通路
6. 大寝室への階段
7. 談話室
8. 中庭
9. 大食堂
10. 改信者の居館
11. 貯蔵庫
12. 噴泉室
13. 改信者の通路

fig.15 《ル・トロネ修道院》平面図

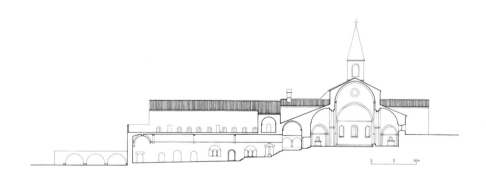

fig.16 同、断面図　　　　　　　　fig.15,16 出典:『磯崎新＋篠山紀信 建築行脚5』（六耀社、1980）

材料に構築されています。この修道院は石灰岩質の山間に位置しており、付近の石切り場から注意深く切り出された石が用いられました。装飾は一切ありません。バシリカ式教会から木造小屋組が消えたことの主因が、この厳しい戒律によるものだとは言い切れませんが、石造だけでバシリカ式教会の中心部を成立させようとする意識の萌芽は、のちに教会の構造に大革命をもたらすことになります。

　《ル・トロネ修道院》は、現在は使われておらず、生活機能のための付属諸施設もなくなってしまっています。おそらく、それら付属的建築は木造だったのでしょう。しかしながら、中心部の教会に付属した、中庭に面した回廊の周りには、貯蔵庫や食堂、参事会室などが残っています。そして階を違えて、修道士たちの一体的な大寝室があります。教会の横に書庫と聖具室があり、修道士のためのさまざまな施設があります。中庭には噴水もあり、そこから教会を見上げることができます。これらが残ったのは、《ル・トロネ修道院》のなかでも緻密に組み上げられた石造部分＝中心部であったからにほかならないでしょう。

　回廊の上部から教会堂を見ると、一見木造架構かと思わせる切妻の屋根が見えます。しかし、その主構造は純石造でつくられました★7。積まれた石はバラバラにならないよう、注意深くアーチ・ヴォールトを構成する必要があり、また、横にはらんで崩れてしまう危険性があるため、側壁は大変分厚い壁になります。そのため、初期キリスト教教会よりもさらに開口を小さくする必要があり、空間的にはいくつものデメリットがあります。

　しかしその反面、外部から光を採り入れる場所は研ぎ澄まされました。同様の構造の大寝室では、狭い開口から入り込む光が一定間隔で床に伸びていきます。そうすると、そこにはまるで個別的な祈りの空間が立ち上がるかのようで、静謐であったろうこの修道院の生活を見事に体現する名建築になりました。

　そして、最も重要な建築部分である教会堂は、主廊の両側に側廊が付属するいわゆる三廊式ですが、その形態はさらに発達し、ある部分がつけ加わっています。それは「翼廊（トランセプト）」という、主廊と交差するかたちで両側に突き出た空間部分です。その萌芽は、古代ローマの《旧サン・ピエトロ寺院》にも見られましたが、翼廊が飛び出すことによって、主廊奥のアプスの張り出しと合わせて教会全体が十字架を思わせる平面形式となります。

≫修道院がつなぐヨーロッパ

　さて、《ザンクト・ガレン修道院》所蔵の計画図や実際の《ル・トロネ修道院》を介して、

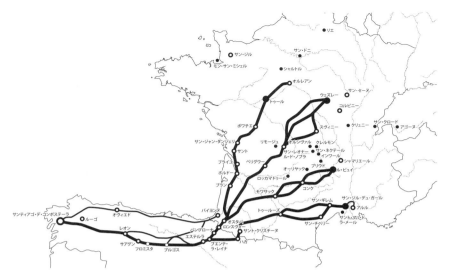

fig.17 「サンチアゴ巡礼案内記」による巡礼路と主要巡礼地点（R. Ourselの復元による）
『西欧の芸術1　ロマネスク（下）』★Dをもとに作図

各地の修道院がいずれも同じような平面配置構成をしていることを見てきました。この
背景には、先の戒律のような強い規範が根づいていたのだと思います。それらを推し進
めたのはベネディクト会でした。

　修道院は古代末期からロマネスクの時代を通じてキリスト教文化ならびに文明の中
核をなしているわけですが、その社会的権威も当然強いものでした。そのなかでも、10
世紀に発足した、フランス・ブルゴーニュ地方の修道院の会派であるクリュニー会は強
い力をもちました。彼らは、聖ベネディクトの教えに基づき活動していた各修道院をまと
め上げるために役職の階級的システム化を図ることで、世俗権力からさらに自立し、か
つ社会的に影響力のある存在となりました。

　クリュニー会に属する修道院は急速に増加し、プロヴァンス、オーヴェルニュ、スペイ
ン、イタリアへと広がり、12世紀にはその数が1,500を超えたと言われています★D。《ル・
トロネ修道院》の属したシトー会は、富と権力が集中したクリュニー会から脱した会派
だったのです。教皇に直属するクリュニー会は、当時の皇帝たちとも対立したくらい力を
もっていました。いずれにせよ、修道院はヨーロッパ全土に展開しました。

　時代をやや遡りますが、9世紀に、キリスト教初期の殉教者、聖ヤコブのものとされる
遺骸がスペインのガリシア地方で発見されました。キリスト教にはこのような殉教者を

聖人として崇め、その埋葬場所に詣でる傾向がありました。これが巡礼のもとになったのですが、発見された聖ヤコブの遺骸はスペイン北部、イスラム教徒たちとの戦いの前線地でもあった地に埋葬され、そこに教会が建てられました。そして11世紀後半から12世紀前半にかけて、現在のロマネスクの姿の《サンティアゴ・デ・コンポステーラ大聖堂》(1078-1122) が建立されました。この政治的な配置はキリスト教徒たちの対イスラムの威力を発揚し、同地はエルサレム、ローマとともに中世キリスト教の三大聖地のひとつとなったのでした。この聖地化に大きくかかわったであろうクリュニー会修道院の活動も相まって、ヨーロッパ各地からこの地へ向かう巡礼路が発達したわけです [**fig.17**]。

　人が行き交うところには経済・都市が生まれます。巡礼路は修道院圏域に新たな経済や都市文化の発生をもたらしました。人里離れたところにあるはずだった修道院立地は、時には権力に庇護され、さらに都市化の基点にもなったのです。フランク王国の各王朝と強い関係をもったサン=ドニ、ロマネスク期以降に宗教地区として栄えたアーヘン、寒村から始まり一大修道院を形成したザンクト・ガレンなどがその象徴的例と言えます★ᴱ。ここにロマネスク教会が別の方向性に発展する契機が生まれたのでした。

　次回は、ロマネスクからゴシックへの道筋を説明してみたいと思います。

★1　この図面については、次のコラム「カロリング朝のユートピア—ザンクト・ガレン修道院計画図—」(西田雅嗣編『ヨーロッパ建築史』昭和堂、1998、pp.84-86) に詳しく紹介されている。
★2　日本建築学会編『西洋建築史図集 (三訂版)』(彰国社、1981) p.146
★3　Online Etymology Dictionary
　　　https://www.etymonline.com/word/Middle+Ages
★4　ただし、同教会のヴォールトはのちの復原によるもの。内陣前の三連アーチは後補とされており、建物自体は9世紀半ば、三連アーチは9世紀末から10世紀初頭のものと考えられている。(伊藤喜彦)
★5　9世紀アストゥリアス王国の建築は、のちのロマネスク建築を予見するかのように堂内全体をヴォールト天井で覆った早い事例である。そのため、西欧におけるヴォールト技術の復興を示す事例として注目されてきた。とはいえ、石造天井化とその合理化は、西欧中世建築に見られる多様な流れのひとつに過ぎない。《ピサ大聖堂》のようなイタリアの「ロマネスク」には木造天井のバシリカ式が多く、イギリス、ドイツ、北フランスにも「石造天井化」を必ずしも目指していないロマネスクのあり方がある。(伊藤喜彦)
★6　序33、34 (『聖ベネディクトの戒律』★ᶜ) 参照
★7　それに比較して、2019年に焼失してしまった《ノートルダム大聖堂 (パリ)》(1345年に現在の形に完成) のヴォールト天井上の切妻屋根は木造トラスで組まれていた。

参考文献・資料
★A　ウンベルト・エーコ『薔薇の名前 (上・下)』(河島英昭訳、東京創元社、1990 [原著 *Il Nome della Rosa*, 1980])
　　　映画:『薔薇の名前 (Le Nom de la Rose)』(ジャン=ジャック・アノー監督、1986)
★B　中谷礼仁「9章 カッパドキアでの生活」(『動く大地、住まいのかたち——プレート境界を旅する』岩波書店、2017)
★C　『ポケット版 聖ベネディクトの戒律』(古田暁訳、ドン・ボスコ社、2006)
★D　H・フォシヨン『西欧の芸術1 ロマネスク (上・下)』(神沢栄三、加藤邦男、長谷川太郎、高田勇訳、鹿島出版会、1976) [原著 Henri Focillon, *Art d'Occident: le Moyen-Âge roman et gothique*, 1938]
★E　ヴォルフガング・ブラウンフェルス『西洋の都市——その歴史と類型』(日高健一郎訳、丸善、1986)

第 9 回

建 築 の 奇 跡
ロ マ ネ ス ク × ゴ シ ッ ク

　前回からギリシア・ローマ文明後のヨーロッパを扱っています。正確にはローマ帝国末期、西ローマ帝国の解体を経た後のヨーロッパについてです。中世には、建築的にはその展開の経緯があまりわからない、プレ中世とでも言うべきミッシングリンクがありました。5世紀から10世紀にかけてです。私たちは修道院に残された記録を見ることで、そこから徐々にヨーロッパの中世的世界が生まれていく様子を確認しました。その結実が、ヨーロッパ社会が安定した千年紀以降に台頭する、いわゆるロマネスク様式の教会建設です。そのなかでも、異色とも言える厳格性を保持しようとしたシトー会の《ル・トロネ修道院》を取り上げ、その配置構成や、天井も含めて石造に収斂していくその建築構造の特徴を見ていきました。さらに教会の活発な運動によっていくつかの巡礼路が発生し、それが教会をもとにした新しい都市の発生をも促していったというところまで検討できたかと思います。

　ヨーロッパ中世は、台頭するイスラム勢力との関係のなかで次第に内向化、内地化することによって、その文化、文明を研ぎ澄ませていきます。一方、十字軍遠征に代表されるイスラム圏との闘争や交易を通じて、ギリシア・ローマ文明をうまく受け継いでいたイスラム世界から、最新の技術を断続的に受容してもいました。その様子も私たちはすでに映画『薔薇の名前』のシーン解読で確認していきました。

≫ ロマネスクとゴシックはどうつながっているのか？

　今日はさらに具体的な教会建築の発展を扱ってみたいと思います。このときに私たちがまず習う時代様式が2つあります。ひとつはすでに登場した〈ロマネスク（Romanesque）〉であり、時代としてはおよそ10世紀から13世紀にかけて広まった様式です。ロマネスクという言葉自体は19世紀に名づけられたもので、ロマンス語（ラテン語）圏、要はローマ的という意味合いでつけられました★1。もうひとつがゴシックです。〈ゴシック（Gothic）〉

fig.1 ヒルデスハイムの《ザンクト・ミヒャエル》(1033)
Heinz-Josef Lücking (CC BY-SA 3.0-DE)

fig.2 カルドーナの《サン・ビセンス》(1029-1040頃)
PMRMaeyaert (CC BY-SA 3.0-ES)

はゴート族的という意味ですが、ゴート族とはゲルマン民族の源流のひとつです。ですからゴシックは、ローマを滅ぼし、かつその栄光を受け継ごうとしたヨーロッパ中世的な美意識が結実したものとも言えそうです。だいたい12世紀後半から16世紀までゴシックと呼ばれる特異な形態の教会の建設活動が続きました。

ただしその時代区分は曖昧で、ロマネスクとも重複しますし、その後、ルネサンスが興ってなお進行している地域もありました。ゴシックと呼ばれうる建築様式は、パリを含む現在の北フランス内陸部（イル＝ド＝フランス）を中心に発生し、そこから各地に伝播していきました。つまりその成立には、当然のことですが地域差があったということです。例えば、イギリスは最もゴシックが継続した地域のひとつで、その形態はより特殊なものになっていきました。

今回の講義では、ロマネスクから複雑な構造をもったゴシック教会までの変遷とその成立の背景を大きくつかまえたいと思います。しかし、ここで大きな問題があります。その問題とは、私が学生の頃、当時の先生がロマネスクとゴシック、つまり、いま話した両者をひと括りにして、ヨーロッパ中世の教会建築の発展を語ったことがまったく腑に落ちなかったことです。

例えば、《ザンクト・ミヒャエル》[fig.1]や《サン・ビセンス》[fig.2]を見てください。これらはレンガや切り石を積んだ質素な教会で、小さな窓がポツポツ開いていて、ロマネスク建築の特徴を表しています。しかし、後期ゴシックにあたる、イギリス、ケンブリッジの《キングス・カレッジ・チャペル》[fig.3,4]の内観写真に遭遇したとき、誰もが大きな衝撃を受けることになります。

私はこの写真を初めて見たとき、本当にこんな建築が存在するのかと驚きました。SF的な内部空間は、映画『エイリアン』（監督：リドリー・スコット、1979）に出てくる、正体不

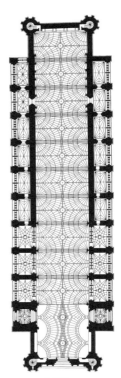

fig.3 《キングス・カレッジ・チャペル》(1446-1515) 内観
著者撮影

fig.4 同、天井伏図

明の宇宙人によって建造された宇宙船の廃墟を彷彿とさせる複雑な空間になっています。

　素朴なロマネスクと宇宙人の乗り物の内部のような空間をもつゴシックは、そもそも一体的に語れるのだろうか。この疑問は私のなかにずっと胚胎していました。研究者にも両者をむしろ断絶的に考えるべきであるとする人もいます。ゴシックはロマネスクから派生した様式のひとつに過ぎないという解釈も成り立ちますし、西洋各地でその形態は相当に異なっています。しかしここではあえて、私が疑問をもった両者の「連続性」を語ることに挑戦して、そこからさらに違いの原因を探してみたいと思います。

　そこで、まずは皆さんに、『図集』(pp.32-47) の建築を見ながら、ロマネスク教会建築とゴシック教会建築の共通点や相違点を発表してもらいたいと思います。5分ぐらい考えてみてください。

——学生Ａ：ゴシック建築の方が内部が複雑です。

　いいですね、誰が見てもそうだと思います。明らかにゴシック建築の内観の方が部位が多く、複雑です。

——学生Ｂ：ゴシック建築の方がとんがっている感じがします。

　正解です。単純なところから話をつかむのはとても大切です。このとんがりは後述しますが、「尖頭アーチ」と言います。さらにゴシック建築の方が明らかに建物の高さが高くなっています。ロマネスク建築は組積造として納得できる適正な高さなのですが、ゴシック建築は無理やり高層ビルのように高くしようとしている感じがします。

——学生Ｃ：両方ともアーチを使っています。

　そうです。大正解です。これはロマネスクとゴシックの連続性を考えるときに外せない要素ですね。後から詳しく見ていきましょう。

——学生Ｄ：ゴシック教会の方が開口部の割合が大きい。

　そのとおりです。特にゴシック教会では壁の割合が少なくなり、列柱間の開口に大きなステンドグラスがはめ込まれ、内部空間にゴシック特有の透明感を生んでいます。

　いま、4名の学生にロマネスクとゴシックの相違点・共通点を発表してもらいましたが、実はこれらの特徴はロマネスクからゴシックへ至るキリスト教教会建築の展開過程に関係するとされている要素なのです。

　ここで見出された共通点は、アーチを用いたバシリカ式であることです。西ローマ帝国末期以来の初期キリスト教教会の主要なものは「バシリカ式平面＋木造小屋組」で構成されていました[2]。ロマネスク以降の構成は、最も一般的な傾向としては、「バシリカ式平面＋アーチ／ヴォールト／ドーム天井」になりました。そして、ゴシックになるにつれて建築は上方へとんがっていき、明らかに背が伸びています。ゴシックではどんどん高くしようとする特殊な意志があり、これと内部空間が複雑になるという点は連動した意図であったと思います。

　さて、ロマネスクとゴシックの建築の簡単な特徴の比較表は次のとおりです。私が皆さんに尋ねる前に、あらかじめ用意していた比較分類です。皆さんの答えとあまり変わらないことにお気づきと思います。

ロマネスクの特徴	ゴシックの特徴
・適正な低さ	・異様な高さ
・厚い壁	・薄い壁
・シンプルなアーチ・ヴォールト	・複雑なアーチ・ヴォールト
・小さな開口	・大きな開口
・都市化以前の立地	・都市内・付近の立地

　表を見ていただけるとわかると思いますが、各項目は対応していて、それぞれが真逆の特徴を示しています。

　皆さんの意見にはありませんでしたが、最後にひとつつけ加えています。それは立地です。ロマネスク教会が自給自足を前提に俗世から隔絶した僻地や都市化以前の立地を目指していたのに比べ、ゴシック教会は各地の都市内、もしくはその近傍に建っています。

　さて、両者をどのように連続的に語れるのでしょうか。まずは上記の違いを成立させた建築構造における展開の経緯について考えていきましょう。

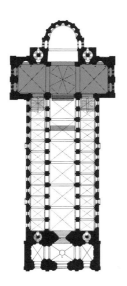

fig.5　トランセプト（グレー部分。平面は《シュパイヤー大聖堂》）

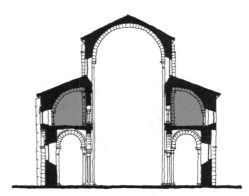

fig.6　トリビューン（側廊二階。グレー部分。断面は《ヌヴェールのサンテティエンヌ教会》）

≫ロマネスク建築の特徴──バシリカ式平面から十字平面へ

　ある程度の規模以上のロマネスク教会には、バシリカ式平面を基本として、そこに〈トランセプト〉[**fig.5**] という、直交する翼廊部分が付属する十字平面へ展開していく傾向が見られました。この教会平面はその後も続く強い規範性をもつようになりますが、これはヨーロッパにおけるキリスト教の儀礼の定型化に関係していると推測するのが自然でしょう。確かに長方形平面は多くの人を収容する必要があるミサを行うのに好都合だったと思います。

　ちなみに、「オリエンテーション」とは方位を定めるという意味です。これがなぜオリエント（東方）と関係しているかと言うと、最初は《旧サン・ピエトロ寺院》の場合のように、西側に祭壇を設ける教会も見られたのですが、その後、祭壇の方位を東に定めたからだという説もあります★3。

　以上のバシリカ式平面から十字平面への展開は、建築の構造に何をもたらしたのでしょうか。荷重をかけられたアーチが横に膨らんでしまう力（推力）を抑える主廊壁面の処理には、例えば「トリビューン」（側廊二階）[**fig.6**] という側廊上の補強空間を追加するなどの方法が考案されています。ここでは最も基本的な要素の展開について、その経緯を見ていきましょう。

≫交差ヴォールトからのリブの発見

　天井をアーチで組み、それが連続すると、いわゆる単純な円筒ヴォールト（バレルヴォールトとも。バレル＝樽）[**fig.7左**] の天井が出来上がります。単純な円筒ヴォールトを直交させると交差ヴォールトになり、ヴォールトの境界に2本の対角線（稜線）が生じ

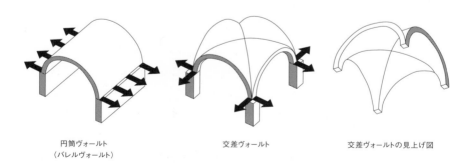

円筒ヴォールト　　　　　　交差ヴォールト　　　　　交差ヴォールトの見上げ図
（バレルヴォールト）

fig.7　ヴォールト天井の種類と力の流れ

fig.8 《シュパイヤー大聖堂》(1024頃-1061, 1082-1106改修)内観
Diego Delso (CC BY-SA 3.0)

fig.9 《ダラム大聖堂》(1093-1133)内観
Oliver-Bonjoch (CC BY-SA 3.0)

ます [**fig.7中・右**](なお、この4本の柱からなる交差ヴォールトの方形平面単位を「ベイ」と言います)。

　この稜線の発見は重要でした。この稜線を含む交差ヴォールトは、特に主廊天井の様式として積極的に使われ始め、次第にそのほかの天井各部にも採用されていきました。この流れに沿った天井の例を《シュパイヤー大聖堂》に見ることができます [**fig.8**]★4。

≫リブによる構造表現

　この交差した稜線を強調してみると、どう見えるようになるでしょうか。次の展開は、この稜線の強調にありました。ヴォールトの交差によって生まれた稜線に、実体的な部材（リブ）をつけて強調してみると、天井の印象はガラッと変わります。ヴォールトの天井面の重量が、交差するリブと柱間に架けられたアーチによって支えられているように見え始めるのです。つまり、ヴォールト天井全体の重量感が、見かけ上とはいえ、減じられていくのです。これは、圧迫感のあるロマネスクの構造に風穴を開ける構造表現があることを気づかせるに十分なものだったでしょう。

　重量を支えている部材と、支えていないように見える部材とに分節化させることによって、空間にこれまでにない浮遊感、透明性が加わりました。リブは当初は天井部分での意匠でしたが、柱と一体化させることで、まるで柱から放散し、延長して天井を支えてい

るかのような表現がなされるようになりました。

　また、柱も独立した一本柱ではなく、天井のアーチやリブから連続してそれを束ねたような複雑な形態に変化しました。ここで上部から連続して柱に展開した部分をピアと言います。ゴシック教会では、ピアの束柱がリブと連続することで特別な構造的意味をもっているかのような表現がなされました。それによって、全体を一体として支えていた壁が各部分へと開き始め、柱（構造部）と開口という分節化が始まったのです。建築内部に、より光が差し込み始めました。その発展段階は、天井全体に交差リブ・ヴォールトを採用した《ダラム大聖堂》で見ることができます [**fig.9**]。

≫尖頭アーチの完成

　次に尖頭アーチの話に入ります。尖頭アーチとは、真円によるアーチではなく、2つの円弧を中央で交差させたアーチです [**fig.10**]。これによって要石（キーストーン）部分にあたる中央が尖頭（とんがり）化していきます。このアーチの発見によって、ゴシック教会の上昇する表現はさらに高まりました。尖頭アーチは、ゴシック教会を計画し実現した当時の建設関係者たちの創意工夫をよく感じることのできる形式です。

　尖頭アーチはどのように発見されたのでしょうか。その契機には諸説ありますが、私がわかりやすいと思う説明は、単純な交差ヴォールト [**fig.7中**] では、その対角線を結ぶアーチは扁平になってしまうので、それを避けるために編み出されたというものです。ゴシック建築をいくつか見学すれば、天井における交差リブ・ヴォールト部のアーチの曲率とその四辺を構成する柱間のアーチとそれをつなぐ天井面の関係（収め方）には、いくつものバリエーションがあることがわかります。この交差部分と四辺部分との曲率の違

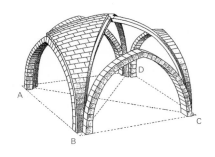

fig.10　尖頭アーチの例
BCを直径とするアーチの高さは、ACを直径とするアーチの高さより低くなる。それを避けるために、ABCDそれぞれの頂点を通る、より大きな円弧でアーチを設計した場合、中央が尖った形になる

fig.11 《サン=ドニ修道院教会》周歩廊（12世紀）
撮影：伊藤喜彦

いをどのように解決するかという問題に、当時の建設関係者たちの誰もが直面したこと
は明らかです。このような根本的問題は、新しい表現を生み出す種子になりうるという
よい例だと思います。

　さらに、壁側に用いられた尖頭アーチによる開口は、補強が必要となりました。そのた
め尖頭アーチは、真円を含んだ純粋幾何に分割され、複雑性を増しました。この開口の
増大とその複雑化の粋は、いわゆるバラ窓に象徴的に表れています。

　ここまでの経緯が重なって結実したもの、つまり交差ヴォールト、リブ、尖頭アーチと
開口の増加、細部分割と複雑化、これらが揃ってゴシックの始まりと考えるとよいと思い
ます。その最初の結実は、修道院長シュジェの改装による《サン=ドニ修道院教会》
[**fig.11**] の内陣（1144）と言われています。この修道院は、その後もよりゴシック的に改
造されています。《サン=ドニ修道院教会》はパリの郊外にありますが、ゴシックは北部フ
ランスにおいて産声を上げ、先陣を切りました。北部フランスはゴシック建築の最重要
作品が集結する地域になりました。

≫フライング・バットレスの大胆化

　最後に、ゴシック建築を完成させ、その後、ヨーロッパの各地域で教会建設を競わせた特異な構造が興隆してきます。それが「フライング・バットレス（飛梁）」です [**fig.12**]。フライング・バットレスはゴシック教会で大々的に採用され、ロマネスク教会の美学とは異なるゴシック教会特有の外観の特徴になりました。

　バットレスとは、要するにつっかえ棒です。つっかえ棒としてのバットレスは、それ以前にも採用されたことはありました。例えば、初期キリスト教様式である《サン・ヴィターレ》（6世紀前半）では、建物は大地に設置された素朴なバットレスで補強されています。しかし、ゴシック教会でのバットレスは、教会の横や背面の外壁から空中に飛び出したダイナミックな構造です。

　空中を飛ぶバットレスの目的は、主廊のアーチ・ヴォールトがはらむ推力（横に開こうとする力）に抗していた側廊の梁を上部に移動させることにありました。そのため、この梁は屋根を突き抜けて空中に飛ぶように――つまり、「フライング」するようになったのです。

　これによって主廊の壁部分は、単なる見かけ上ではなく、真に構造的な制約（厚い壁）から解放され、壁沿いのアーチ直下から大開口をつくれるようになりました。この構造

fig.12　フライング・バットレス
《ノートルダム大聖堂（ランス）》の断面図

が様式化された最初期の例を《ノートルダム大聖堂（パリ）》[**fig.13-16**] で確認すること
ができます。それは外陣を建設中であった1180年頃だったということです★5。

　ここで大変重要なのは、フライング・バットレスは建物内部に入るとまったく見えない
ことです。想像してみてください。フライング・バットレスの存在と役割を知らずに教会
内部に足を踏み入れた人々は、何を感じるでしょうか。それは決して成立しないはずの
華奢な構造によって、現に成立している空間に包まれたという実感です。それはまさに
神の力によって生み出された、奇跡の空間と感じるでしょう。

　いま、「奇跡の空間」と言いましたが、これは「奇跡のような空間」ではないことに注意
すべきです。本来、中で完結するはずの構造部材を外に追い出したことによって、内部
空間からうかがえる構造負担部分を極端に減らしたわけです。つまり建築構造全体とし
ては真実なのですが、しかし、内部空間に見出される情報だけではその構造全体は見え
ません。このギャップを意図的につくり出したことによって、奇跡の空間が生まれるので

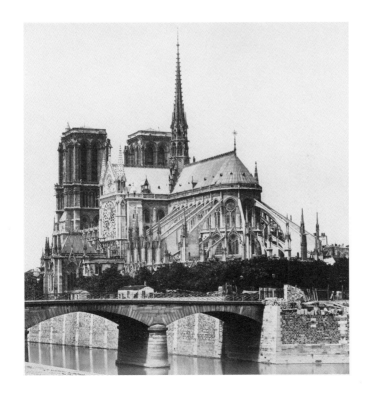

fig.13 《ノートルダム
大聖堂（パリ）》(1163-
1250頃)
2019年の大規模火災
により尖塔などが焼失し
た

す。これは現代の建築においても十分成り立つ、美と構築技術との関係の本質です。

　さらに、その奇跡の空間から出て、フライング・バットレスを擁したゴシック教会の外観を見てみましょう。すると、フライング・バットレスが、もはや単なるつっかえ棒とは言えないことに気がつきます。それは教会の最も重要な主廊部分から力が外に向かって、噴水のようにほとばしる造形を獲得しています [**fig.13**]。フライング・バットレスは、内観とは独立した形態を獲得したわけです。

　これら盛期ゴシック教会の代表例は、やはり北フランスに集中しています。ラン（1160-1230）、ランス（1211-1475頃）、シャルトル（1194-1250頃）、そして、この様式では最大規模のアミアン（1220-1410頃）の各大聖堂（『図集』p.40）などです。また、それらの大聖堂では、その規模が大きいために何度も設計変更を重ね、1〜2世紀を経て完成するという、長期の建設を強いられた建造物が多いことに気づくでしょう。個人的には、このなかなら《ノートルダム大聖堂（シャルトル）》が、その建設期間の短さからも

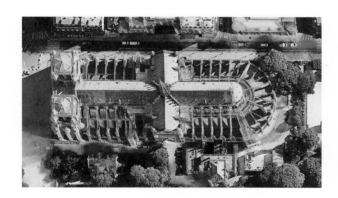

fig.14　同、航空写真
© 2020 Google

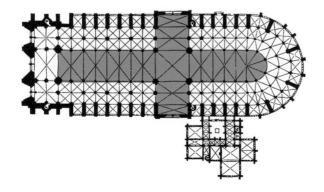

fig.15　同、平面図

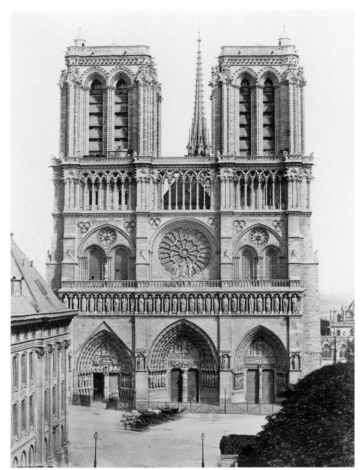

fig.16 《ノートルダム大聖堂（パリ）》

計画的なまとまりがあって、バランスのよい作品だと思います。

　ではこれらの平面図を見てみましょう。すると、十字平面が消え、不思議な馬蹄形平面をしているものが多いことに気がつきます。その馬蹄形をよく見てください。実はその中心に十字平面が紛れ込んでいるのです［**fig.14,15**］。

　なぜこのような馬蹄形平面が生まれたのでしょうか。その答えは、十字平面以外の部分に何があるのかが理解できればわかります。いまはウェブ上の電子地図が有名建物の外観を詳細に立体化するサービスを提供していますから、それらフライング・バットレ

ス付きのゴシック教会の外観の形態と平面の関係を確認することができます。すると、その馬蹄形平面は、主廊を支えるためにフライング・バットレス部分が付加されたことによって生まれたものであることがわかるでしょう。半円のアプス部分から放射されたバットレスの軌跡が反映されていたわけです。そしてそのバットレスの下には空間が設けられていました。もちろん、その付加部分の天井は低く張られているので、上空を飛ぶバットレスは内部からは決して見ることができないようになっています。

　そして、再び考えます。なぜ私たちは教会に正面から入るときに、十字平面を支えるいくつものフライング・バットレスの存在を感知できなかったのでしょうか。その理由は、教会の正面には、2つの塔が左右にそびえ立っていたからです [**fig.16**]。

　ではなぜ、教会正面に双塔を立てたのでしょうか。双塔を立てること自体はザクセン朝（919-1024）の教会の事例から散見されますが、北フランス地方で確立した盛期ゴシック教会における双塔は建物全体と統合的な一体性を強くもっていて、極めて意識的な様式だと私は思っています。その目的のひとつは、教会正面からフライング・バットレスを隠すことにあったのではないでしょうか。もし、正面に立ったときに、スレンダーな主廊を支えるためにバットレスが豪快に空中を飛んでいるのを見てしまったら、その教会の構造原理が瞬時にわかってしまいます。わかってしまったら、内部空間に入ったときの驚きは消えてしまうでしょう。

　先のサン＝ドニ修道院長シュジェは、ステンドグラスによって光り輝いた建築空間が「物質的なるものから霊的なものへと心を高める」と、その「連続した光（lux continua）」の効果に驚嘆したそうです★6。この効果のためにゴシックという様式は必要だったわけです。誰のために？ それはもはやロマネスクのように修道士たちのためではありません。それは街のなかの民衆一般に向けてだったはずです。

★1　渡辺真弓『石は語る 建築は語る』（ほるぷ出版、1983）p.24
★2　ラヴェンナ、ベネヴェント、ミラノなどにおける初期キリスト教会には異なる事例が存在する。
★3　佐藤達生『増補新装版 図説 西洋建築の歴史 美と空間の系譜』（河出書房新社、2014）p.99
★4　《シュパイヤー大聖堂》では、もともと木造だった天井を石造に置き換える際に交差ヴォールトが用いられた。交差ヴォールト自体は《マクセンティウスのバシリカ》など古代ローマ時代から存在し、初期ロマネスク建築にも多いが、スパンが大きく高さのある身廊（主廊）に交差ヴォールトを用いた事例が散見されるようになるのは11世紀末以降である。この交差ヴォールトの稜線をリブで強調した初期の例が《ダラム大聖堂》（後述）や《カンのサンテティエンヌ》である。（伊藤喜彦）
★5　日本建築学会編『西洋建築史図集（三訂版）』（彰国社、1981）p.156
★6　ルイ・グロデッキ『図説世界建築史8 ゴシック建築』（前川道郎、黒岩俊介訳、本の友社、1997）pp.33-34

第 10 回

ゴシック建築を支えたもの

僻 地 × 都 市

≫都市という施主

　前回の講義の最後で、教会をその役割から考えた場合、ロマネスク教会は修道士のための空間でしたが、ゴシック教会は広く都市に集う人々に開かれた空間だと述べました。ゴシック教会はいま見ると、都市の中核に新しく建てられたように見えますが、その成立過程は複雑です。まずキリスト教化後に古代ローマ都市の市壁外付近に大聖堂が建てられます。それらがその後の都市化によって、ゴシック様式に改修、もしくは再建されたものが多いのです。ここで教会の種類を確認しておきましょう（修道院は教会部分を含む修道士たちによる自給自足の場なので、ここから除外しています）。

Cathedral Church（カテドラル）：大聖堂のこと。司教／主教が座を定める。カトリック、
　　　　　　　　　　　　　　　　正教会、聖公会、ルター派など司教／主教がいる教派
　　　　　　　　　　　　　　　　にある。
Church（チャーチ）：教会のこと。特定の神父や牧師を置き、宗教活動一般を地域の信
　　　　　　　　　　者の集団と行う。イタリア語のChiesaも同じ。
Chapel（チャペル）：小規模の礼拝用建物のこと。聖職者がいない場合もある。学校など
　　　　　　　　　　にある付属的礼拝の場。

　この分類によれば、チャーチに神父の上位にあたる司教がいる場合はカテドラルチャーチになり、また、普段神父がいない礼拝場所がチャペルです。だからホテルに併設されたキリスト教式結婚式場はチャペルなのです。神父はチャペルに出張してくるわけですね。さて、話をもとに戻しましょう。
　ゴシック教会が街の教会であったこと。そのことが、教会の教え、そして力を、広く民衆に知らしめるための物質的、形態的レベルでの驚異的な工夫をもたらしたのでした。

ここで注意しておきたいのは、ヨーロッパの伝統的都市の相当の部分が、実はゴシック教会の発生と同じく、11世紀から12世紀以降に成立したということです。つまり、昔からある都市に急にゴシック教会が建てられ始めたというよりも、中世都市とゴシック教会は、そもそも一体的に建設されたということです。もちろんそれらの都市や教会の誕生には、先のローマ帝国時代の植民都市や、時には防衛上の要塞インフラの骨格が相当影響を与えています。ただし、ゴシック教会こそ都市誕生の核であったわけで、ゴシック教会の隆盛はそのまま都市の隆盛に直結しています。

　さて、中世のこの時期に都市が相次いで成立した背景には、その地域の封建領主の支配が弱まり、都市民がより強い権限を獲得しようとする活動が広まったこともありました。中世も後期になると、相対的に地域が安定し、それによってさらに土地が開発されます。人口も急増し、各地を結ぶ商業活動も盛んになりました。このようななか、各地で都市を単位とした共同体が独立する機運が高まり、現在の北イタリアやフランス、そして、やや遅れてドイツの各地域で中世都市が形成されていきました。

　そこでの産業は、交易および交易を前提とした特産的な製造業でした。北部ヨーロッパ、中央ヨーロッパ、そして地中海一帯で都市間での交易が繰り返され、それがネットワークとなって、さらにイスラム世界や中国につながるようになります。こうして各都市は成長していきました[**付録地図交易路参照**]。

　都市は特定の都市民に彼ら自身の法によって権利を与え義務を課し、ほかと区別しました。特権を得た住民は、都市内で商業活動を行う商業ギルドや特定の製造物をつくり出す結束の固い職人ギルドを編成しました。

　少し余談ですが、フリーメイソン（Freemasonry）は、16世紀後半から17世紀初頭に石工職人やレンガ積み職人が集まって結成された組織です。「masonry」は「積む」という意味ですから、実は建築が始まりの結社だったのです。このような団結力が自分たちの利益を守るうえでは大事だったのですね。そして、この結社は世襲制であり、技術の秘匿的所有が重要でした。

　これらのギルドによって、各都市がそれぞれ固有の存在価値をもつようになります。都市が互いに差異をもつことで交易が盛んになり、その結果、各都市に財産が蓄積され、教会への寄進を加速させました。そして教会建設自体が、キリスト教を生活倫理の中核とした都市国家共同体の表現としてエスカレートしていきます。

　つまり、教会建設の後ろ盾は都市とその住民でした。すると、次第に都市間で教会の建設競争が起こり始めます。ある都市が最も高い教会を建てたら、ほかの都市がそれ

に負けじとさらに高い教会を建てる、そんな競争が起こったことは容易に想像できます。

≫中世都市の構造

　中世都市の独立的性格は、都市形態にも大きな特徴をもたらしました。まず、都市全体が石造の城壁で囲まれました。その周囲には、農村地帯が広がっています。都市は数カ所の城門によってのみ外に開かれていました。航空写真でそれらの都市の現在の姿を見れば、城壁の構造がいまでも残っているのがわかります。さらに見ると、都市の中核には市場の開かれる広場があり、その広場に面して教会と市庁舎が建てられています。これら市場を中心とした施設はほとんどの場合、初期中世都市の周縁につくられたのですが、中世を経てルネサンス、バロック期に市域が拡大することによって都市の中核になっていったのです。

　ここで皆さんにひとつ紹介したい本があります。故阿部謹也 (1935-2006) 著『中世の窓から』★ᴬです。タイトルからしていいですよね。この書は都市のみならず、その当時の文献記録をベースにして、そこに住んでいた人々のさまざまな人生を具体的に復元してくれた名著です。

　では、この本に載っていたいくつかのイメージを紹介しましょう。まず、同書の主要な舞台となるニュルンベルク (現ドイツ) のイメージです [**fig.1**]。これを見ると、阿部謹也さんが題材にしていたドナウ川やライン川河畔のゲルマン系都市の立地条件がよくわかりますね。

　都市は深い森に囲まれています。そして、城塞で囲まれた都市の周りには耕地、放牧地が広がっています。つまり、この都市は森を切り開いてつくられたわけです。さらに見落としてはいけない要素は、この都市が中央に川 (ペグニッツ川) を含み込むように建設されていることです。人間の生存をまず保証するのは、古今東西「水」です。川は水源であるとともに、交通の要でもありました。この意味で河川や水系は都市の成立条件であり、現在の都市も、そのほとんどが川を含み込んでいるはずです。少なくとも20世紀初頭までは、都市を流れる川は都市活動を支える一大交通網だったのです。そして、その都市の真ん中にゴシック教会がそびえているのがわかると思います。

　さて、同書にはドイツ周辺の中世都市の構造のみならず、そのなかで生きてきたさまざまな職業の人々の生活についても大変印象深い記述がされています。例えば、フランスやドイツなどの各都市を渡り歩き、教会の建設活動に明け暮れた石工職人たちの、合言葉代わりの秘密のステップ (足の運び) の解説など、大変貴重な史料です。しかし、こ

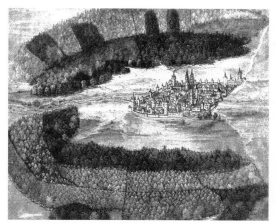

fig.1 森に囲まれたニュルンベルク（1516）

fig.2 ニュルンベルク市の飛脚ディートリッヒ・ロイファーの肖像画。同市の「12人兄弟の館」にある肖像画より

fig.1,2 出典:『中世の窓から』★ᴬ

こでは阿部先生が挙げた1枚の絵に描かれている職人像とそのキャプションを見てみましょう[**fig.2**]。

　「ニュルンベルク市の飛脚ディートリッヒ・ロイファー（1425年頃没）の肖像画。右手にもっているのが市の紋章のついた手紙をいれる壺」。短いキャプションですが、実名、職業に加え、その没年まで書いてあります。裏づけなくこんなキャプションを書くことはできませんから、これだけですごい！と感動してしまいます。阿部先生はどんな文献を渉猟したうえでこの解説を書いたのでしょうか。想像が膨らみます。

　さて、このロイファーなる人物の職業は飛脚、いわゆるポストマンです。この飛脚、特徴のある姿をしています。まず、槍を持っています。これは、彼らが都市と都市を歩く間に発生するであろう出来事を予感させます。まるでロールプレイングゲームの冒険者のようですが、ロイファーは都市間を移動する際の護身用にこの槍を携帯しているのです。つまり、都市を離れたらその周りには獣や盗賊に遭遇する危険性が常にあったというわけです。彼が右手に持っている市の紋章がついた壺にはおそらく信書が入っているのでしょう。彼がどこの都市から来たかということを示すために、彼の左胸には同じ紋章が描かれていたと言います。いかに都市の外を歩き回ることに生命の危険があったのかが端的にわかります。中世都市はそれぞれが孤立した世界でした。

≫ゴシック建築の終わり

　しかし、ゴシック建築にも終焉が近づいてきます。ギリシア・ローマ文化が残っていたイタリアでも、それなりにゴシック様式は発達していましたが、その影響はまっさきに終わり、その後に来たる文化的大刷新運動の〈ルネサンス〉を生み出しました。そしてゴシック建築建設の中心地であったフランス周辺でも、14世紀にはほぼ建設活動が終了しました。

　その原因はどこにあったのでしょうか。残念ながら、私はその主要因を判断する確固たる根拠をもちえていません。ただし、相次ぐ都市間の建設競争が建築のさらなる高層化、巨大化を促し、物理的な臨界点を迎え始めたことは確かなようです。

　例えば、フランスのボーヴェでは、1272年、《ノートルダム大聖堂（アミアン）》を超える高さ48mの《サン＝ピエール大聖堂（ボーヴェ大聖堂）》が完成しました。しかしながら、この聖堂は完成直後の1284年に一部が崩壊します。フライング・バットレスなどの控え壁の崩落に端を発したものでした。その後も再建を目指しましたが、16世紀にはあきらめられてしまいます。現在の姿は内陣、翼廊、アプス部分のみとなっています。

　イタリアのフィレンツェにある《サンタ・マリア・デル・フィオーレ大聖堂》は、1296年にゴシック様式で工事が始まりました。しかし、1357年に新しい担当建築家が平面規模を拡大しました。その結果、ブルネレスキがその平面規模に合った巨大天蓋を実現するまで、ゴシック様式の壁体は工事途中で60年間ほど野ざらしになっていました。

　そして、フランスに近いドイツのケルンにある《ザンクト・ペーター・ウント・マリア大聖堂（ケルン大聖堂）》は、フランス式の盛期ゴシック様式を本格的に取り入れて建設されました。しかし、13世紀に工事が着手されたものの、その巨大さによって、資金は底を尽き、1560年に工事は中止されました。その工事が再開されたのは1842年で、19世紀末の1880年にようやく完成したといういわくつきのゴシック教会です。

　一方で、映画『薔薇の名前』で清貧派として登場し、アッシジの《サン・フランチェスコ聖堂》など各地にシンプルなゴシック様式の佳作をつくっていたのがフランシスコ会（1210-）です。さらに、ドミニコ会（1216-）に代表される修道院の新興流派が清貧的刷新を呼びかけ、1500年代初頭にはドイツのマルティン・ルター（Martin Luther, 1483-1546）による宗教改革が興りました。これらによって、それまでのカトリックの大きな流れに対抗するプロテスタント派がのちに形成されることになります。彼らはよりシンプルなゴシック教会を各地に建設しました。

　このような過程のなかで、カトリック的世界の象徴でもあったゴシック教会建設への

熱狂は、次第に沈静化していったのだと思います。そのときに、先行してイタリアで生まれていたルネサンス様式は、形態の適正さの範をギリシア・ローマの建築に求めました。これによって、各都市の人々にゴシック以外の教会の建設のあり方を指し示すことができたのでしょう。

》イギリスにおけるゴシックの展開

　しかし、ゴシックに飽きなかった地域もありました。イギリスです。私が前回紹介したSF映画『エイリアン』に出てくる宇宙船内部のようなゴシックは、特にイギリスで展開したものでした。イギリスでのゴシックの追求箇所は、ヴォールト天井に特化されていったと言ってもいいでしょう。その結果が、宇宙船の内部のような未知の様式をつくり出したのです。

　彼らが追求したヴォールト天井は、ファン・ヴォールト（ファン＝扇）と呼ばれています。ファン・ヴォールトは、交差ヴォールトから始まった天井におけるリブの追加が、とことん複雑化した結果生み出されました。柱（ピア）から放出された細かく分割されたリブがまるで扇の骨組みのような形になって、互いに連結し、支え合っています[**fig.3**]。

fig.3 《キングス・カレッジ・チャペル》のファン・ヴォールト　著者撮影

ちなみにこの扇という表現ですが、私には蓮の葉を裏側から見た姿に見えます。イギリスのゴシックは、非常にメカニカルな蓮の葉と枝が並び立つように構成された、とても植物的なものになっているのです。

　ふと思い返してみると、イギリスには独特な建築の感性というものが確かに存在しています。近代建築史の講義で扱う《水晶宮》(1851) は、19世紀にロンドンで開催された第1回万国博覧会の会場となりました。もともと庭師から出発して温室建築の専門家になった設計者ジョセフ・パクストン (Joseph Paxton, 1803-1865) によると、これは南洋特産の蓮の葉の基本構造を、ガラスと鉄の鉄骨構造のつくり方に取り入れたものということです。

　そして、20世紀後半に流行した各国のハイテク建築のなかでも、ノーマン・フォスター (Norman Foster, 1935-) らのイギリス勢は、そのとりわけ繊細でメカニカルな構造で、人々を驚かせました。

　以上のように、植物もしくは生物機械的な表現をイギリスの建築は得意としていますが、それはゴシックの頃にすでに始まっていて、現代まで発展してきたものと言えるのではないでしょうか。

　さて、前置きが長くなりましたが、写真で見たあの空間が本当に存在するのか信じられなかった私は、実際に《キングス・カレッジ・チャペル》に行ってきました。この建物は王立カレッジであるケンブリッジ大学内にある礼拝堂です。建設が始まったのは1446年でした。イタリアではすでにルネサンスが始まっていますね。このチャペルでファン・ヴォールトが採用されたのは1500年代以降ですから、まるでイタリアのルネサンスの流行など眼中にないかのようです。そして、実際に使用され始めたのは1538年からなので、マニエリスムやバロックが始まる頃までゴシック建設を盛んに続けていたというわけです。

　見学してみて、まさにあのSF空間が実現していることを認めざるをえませんでした。さらにこのチャペルのゴシックとしての異質さもよくわかりました。この建物は、幅12.2m、長さ88.5m、内部高さ24.4mの大変幅の狭い細長いものです。そこには北フランスの盛期ゴシックのようなフライング・バットレスによる華麗な形態の跳躍はありません。しかし、よくよくこのチャペルの細部を眺めると、むしろ盛期ゴシックの教会の方がやや過剰と思えるような、極めて理知的なものを感じました [**fig.4**]。

　繰り返しますが、この建物にフライング・バットレスはありません。しかし、それに代わるものとして、外壁には大地に近づくに従いわずかに幅が増えていくような控え壁が最小限付加されています。そのほかの細部、例えば尖頭アーチの開口部のデザインも極

fig.4 《キングス・カレッジ・チャペル》
外観 著者撮影

めて抑制されています。その地味なエントランスを入ってすぐ、あのファン・ヴォールトに私は直面しました。一つひとつのファンが精妙に連結し、内部空間のちょうど真ん中に置かれたパイプオルガンが天井の終端までの視界を遮るので、その細長い空間は限りなく続くように見えました[**第9回 fig.3**]。そして扇、いえ、私からすれば蓮の葉を支える茎の間から光が漏れてきました。私は《キングス・カレッジ・チャペル》にヨーロッパ大陸とは違った別の建築の可能性を感じて帰ってきました。その空間は、もしかするとブルネレスキのドームとは別のモダニティ(現在性)をもっていたのではないかと思い返しています。

参考文献・資料
★A 阿部謹也『中世の窓から』(筑摩書房、2017)

Ⅲ

漂う建築史

第 11 回

もどれない世界
ルネサンスのなかのゴシック
自然誌 × 操作史

≫ルネサンスという言葉

　　今日の舞台はフィレンツェ、時代はクワトロチェント（イタリア語で1400年代の通称）
です。ここから中世（ゴシック）を意図的に切断するかのような芸術運動が起こりました。
それがルネサンスです。

　　〈ルネサンス（Renaissance）〉はフランス語です。「naissance（誕生）」に「re（再び）」
がついて「再生」という意味になります。このフランス語が用いられたのは後代のことで、
イタリア語では「Rinascimento」と言います。「rinascita＝ri＋nascita」に由来する言
葉で、これも再生を意味しています。

　　ロマネスク、ゴシックなどの時代区分を表す用語は後代に付されることが多いわけで
すが、リナシタという言葉は、比較的活動時期とずれることなく、少なくとも1500年代中
盤から使われています★1。

　　つまり、ルネサンス（リナシメント）を進めた人たちも、自分たちの作業がなんらかの刷
新的な再生行為であることは意識していたのでしょう。それでは、何が葬り去られ、何
が再生されたのでしょうか。葬り去られたのはいわゆる中世ゴシック世界であり、再生し
たのは古典的範例（見習うべき手本）としての古代ギリシア・ローマでした。

　　これで定見としてのルネサンス概念の説明を終えました。ただ、この説明をよく吟味
していくと、いくつか検討しなければならない概念的なハードルがあることに気づきます。
特に様式と歴史の関係はややこしく、この授業を一気に複雑なものにさせるかもしれま
せん。今回の講義では、最終的にそのことについて確認し合うことになる予定です。とり
あえずは、建築におけるルネサンスの立役者であるフィリッポ・ブルネレスキと彼の作業
の意味を概説しましょう。

≫グラッソからマッテオへ

　1377年にフィレンツェで生まれたブルネレスキは、初期ルネサンスの立役者として知られています。文字どおり、ブルネレスキの活躍によってルネサンス自体が始まったとする概説書も多くあります。

　ちなみに、ルネサンスと聞いてまっさきに思い浮かぶレオナルド・ダ・ヴィンチは1452年生まれ（1519没）、ミケランジェロは1475年生まれ（1564没）です。ということは、ブルネレスキの方が1世紀近く前の世代で、2人ともブルネレスキがつくった空間で生き、彼の作業に精通していたということになります。

　私個人は、制作に資本を必要とする建築は、絵画や音楽といったあらゆる文化的活動のうちで最も後発で、さまざまな活動領域の最終的総合化を担当する役割と考えているのですが[★2]、その意味からすると、ブルネレスキによる建築が立役者となったルネサンスは、大変珍しいことであったと言えるでしょう。

　ブルネレスキは公証人だった家業を継がず、彫金師からキャリアを始めます。その構成力には躍動感があり、《サン・ジョバンニ洗礼堂》の扉に取りつける彫刻の制作競技に参加して、生涯のライバルとなったギベルティ（Lorenzo Ghiberti, 1381頃-1455）に出会うことになりました。

　また、ブルネレスキは機知に富む人物であったことが文献に残っています。街中の人を巻き込んで、ある友人をだますいたずらを実行したとされています。ブルネレスキの仕事仲間にマネット・アンマナティーニという木工職人がいました。彼は普段「グラッソ」と呼ばれていたのですが、ある日突然「マッテオ」と呼ばれるようになってしまいました。遭遇するフィレンツェの人全員が、口々に彼を「マッテオ」と呼ぶのです。混乱のなか、グラッソは自分のことを、「グラッソだと思い込んでいるマッテオ」であると信じ込む状態になってしまったのでした[★3]。このプロットをつくり込んだのがブルネレスキでした。グラッソはその後、仕掛けがすべて明らかにされ、「マッテオ」から「グラッソ」への「再生」を果たしますが、この話はリナシタ（再生）の本質とも関係しそうです。これについては後でまた取り上げます。

≫ドームを架けることからルネサンスが始まった

　さて、ブルネレスキの初めての大規模な建築活動であり、ルネサンスの始まりを象徴する作業が、1418年の設計競技を勝ち取った《サンタ・マリア・デル・フィオーレ大聖堂》のクーポラ（ドーム）建設でした [fig.1]。その工事は1420年から始まり1436年に

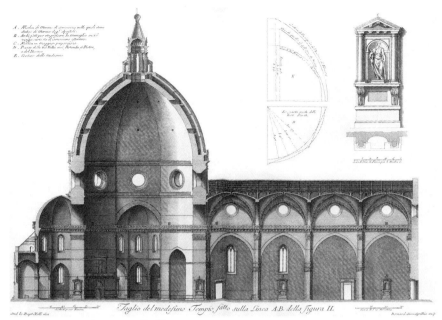

fig.1 《サンタ・マリア・デル・フィオーレ大聖堂》 Classic Image / Alamy Stock Photo

完成しました。この大聖堂のクーポラは、当時最大のドームであったローマ時代の《パンテオン》（内径43.2m）の規模をなぞるかのように、内径43mから45m（八角形ドームのため、辺同士で測るか点同士で測るかで異なる）というスケールで実現しました [**fig.2,3**]。全長約153m、壁体の最高高さ約55mからクーポラが始まりその頂部で約85m、さらにその上に同じくブルネレスキの考案したランタンが載って、最頂部約110mに達しています。

　もうお気づきのことと思いますが、ルネサンスが始まるきっかけとなった彼の建設活動は、建築自体の設計ではなく、実はドームを架けることから始まりました。しかし、この建設の実現には革命的とも言えるいくつもの要素が込められていました。この聖堂が完成するまでをまず整理しておきましょう。

　イタリア中部、トスカーナ地方に位置するフィレンツェは、中世後期より毛織物業と金融業を発達させて次第に力を蓄え、同地方の中心地となりました。当時の教会建設ブームのなかで、フィレンツェでも新しい大聖堂建設が企図され、1294年には彫刻家アルノ

fig.2 《パンテオン》天井
Mohammad Reza Domiri Ganji (CC BY-SA 4.0)

fig.3 《サンタ・マリア・デル・フィオーレ大聖堂》天井

ルフォ（Arnolfo di Cambio, 1240頃-1310頃）設計による新聖堂の工事が始まります。北フランスではフライング・バットレスが跳躍した時代でしたが、フィレンツェではこの大げさな仕掛けは嫌われたようで、内陣の周囲にバットレスをもたない大ドームを築く計画が採用されました。しかし建設の長期化により、設計担当者は幾度も交代を余儀なくされ、この大工事は思うように進みません。そのなかでも最も問題となったのは、1357年のタレンティ（Francesco Talenti, 1300頃-1370頃）による平面計画の変更でした。

　この変更により、初期案ですでに大きかった計画がさらに拡張され、現在の平面規模となりました。その結果、クーポラの土台となる壁体部までは完成したものの、ローマ時代の《パンテオン》に並ぶ規模のドームは架けられず、その実現性が疑われ始めます。このことはまさに、ヨーロッパ各地域で起こっていた教会建設ブームの熱狂が招いたゴシックの自己破綻、崩壊を体現するものであったわけです。当時の建設委員会がブルネレスキのみならず、さまざまな人々にその実現可能性を相談したのは、世紀をまたいだ1417年頃でした。そして1418年8月、クーポラ実現のための模型による公募プレゼンテーションが行われ、最終的にブルネレスキ案が採用されたのでした。

　ここから言えることは、ルネサンスが以下の大聖堂建設に関係する3つの要素が遭遇したことで始まったということです。まず第一の要素は、フィレンツェの都市的成熟です。そして第二の要素は、中世ゴシック教会の自己破綻です。さらに第三の要素は、この苦境を救ったブルネレスキによる前代未聞の技術的提案でした。ほとんど建設を指揮する経験のなかった彼にドーム建設を任せたのは、フィレンツェの都市的成熟がブルネレ

スキの技術的才能を認め、周囲の訝しむ声を抑えてまでも、この挑戦を後押しするほどの力をもっていたからにほかなりません。先ほど、建築とは文化的運動のなかで最も遅れてやってくるもので、建築から始まったルネサンスは例外的事象だと言いましたが、実はブルネレスキのドーム建設から始まったルネサンスにおいても、建築のもつ後発的特徴はなかば当てはまっていました。というのも、ルネサンス自体が中世の自己破綻、いわば文化的負債を最終的に解決する刷新的発明でもあったからです。

≫ドーム建設の実際

さて、ブルネレスキが提案したドーム架構の大胆な提案には以下のような特徴がありました。

・足場、仮枠を設けないこと

大規模なドーム架構で、従来の木製型枠を作製することがほぼ不可能であったため、工事のための足場を空中に組み、さらにレンガ積みのための仮枠そのものをなくしました。レンガを積む際には落下させないよう、レンガそのものの摩擦や抵抗力を通常より高める独自の積み方を考案しました。

・二重構造

軽量化のためと思われますが、ドーム壁体を二重構造にして中空化しました。とはいえ、フィレンツェ大学のマッシモ・リッチ教授(Massimo Ricci, 1946-)の計算では、実際には約400万枚のレンガが用いられ、結果的にその重さは約4万トンと推測されています。巨大工事であることに変わりはありません。

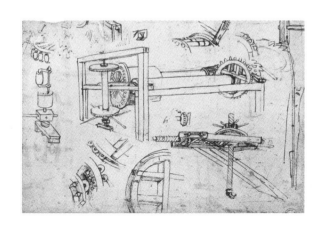

fig.4　レオナルド・ダ・ヴィンチによる
ウインチのスケッチ

fig.5 マッシモ・リッチ教授によるドームの建設実験　Sailko (CC BY 3.0)

• さまざまな建設機械の発明

　建設にあたってはさまざまな機械の発明がされていますが、そのなかでも、レンガを上部に運ぶためのウインチは、複数の人々による見学スケッチが残っています [**fig.4**]。回転軸の組み合わせによって動力源の軽減が図られています。

　以上のような実に驚くべき画期的発明の数々のおかげで、この巨大ドームは実現しました。しかし、残念ながらブルネレスキはその発明の詳細を後世に伝えていません。どのようにして工事を実現させたのかについては、いまだに多くの部分が謎に包まれていて、そのことが現在の研究者たちをその解明に向かわせています。先のリッチ教授もそのひとりで、彼はこの謎に迫るべく約30年にわたって直径10mの縮小サイズのドームを実際に積み続け、建設方法を推測しています [**fig.5**] ★A。

　では、実験の内容を少し詳しく見ていきましょう。足場なしでレンガを積む場合、当然レンガは上部に行くほど内側に傾く角度が増すので、滑落しやすくなっていきます。リッチ教授による、レンガ面に三次的曲率を与えて落下を抑えるという復元案は大変スマートな解決法です。さらにこの曲率を実現するにあたって、施工時にこの大聖堂の名前にも関連の深いフィオーレ（花びら）の図像が現れてきます。一見一聴に値する研究成果

だと思います。

　また、このドームのレンガ積みに採用されたのは、レンガを同一方向ではなく水平垂直を相互に組み合わせ、ヘリンボーン模様を形成するもので、日本の石垣にもよく見られる矢筈積みにも似た独特の積み方でした。これも、足場なしのレンガドームづくりの要の一構法であったはずで、ブルネレスキはローマでの修行時代にそれに精通したと言われていますが確かなことはわかっていません。ただ、以前の講義で紹介したエジプト、ルクソールでの仮枠なしのレンガ・ヴォールト積みの構法［**第6回　fig.8**］を想起させる詳細でもあります。この構法は、アーチの仮枠なしでレンガの摩擦力だけでドームを形成した、原始的でありながらも合理的なものでした。これらのことを踏まえると、ブルネレスキが古代ローマ時代に飛躍的に発展したレンガ構法から技術的可能性を見出したことは信憑性が高いと思います。

》**中世の破綻を結論づけること**

　このドーム建設の画期的意義については、美術家の岡﨑乾二郎氏（1955-）が『ルネサンス　経験の条件』に所収の「転倒する人文主義」★Bで深く論じています。そのなかで、岡﨑氏はブルネレスキに関する古典的名著であるG・C・アルガン（Giulio Carlo Argan, 1909-1992）の『ブルネッレスキ──ルネサンス建築の開花』★Cのなかから以下の一節を引用しています。読んでみましょう。

クーポラを構想しながらフィリッポが意図していたのは、一世紀以上も前に着手された造営事業を単に継続し完成することではなく、それを「結論づける」ことであった。つまり、クーポラは、この大聖堂の建築上のあらゆる部分を新しい精緻な組織のなかに相互的に秩序づける要素でなければならない。

── G・C・アルガン『ブルネッレスキ──ルネサンス建築の開花』

　つまり、実際の建設方法を軽視し、都市間の教会建設競争の影響で設計変更を受け続け、結果的に破綻の危機に直面した大計画に対して、ブルネレスキはあらゆる建築上の部分が均衡するはずの力学的一点が存在することを疑わなかったのです（例えば、実際に卵を立たせることは大変難しいけれども、卵が立つ一点が必ず存在することは想像できます）。その信念により、彼はドームの建設方法を模索、決定していきました。混乱のなかに存在するはずの一点の均衡、それを実体化させたのです。このような厳密な幾何学的構法を実行することにより、中世建築の混乱はまるで何事もなかったかのように、ひ

fig.6 《サンタ・マリア・デル・フィオーレ大聖堂》とフィレンツェの街並み

とつの秩序だった建築として「再生」されました。

　私は学生の頃にこの大聖堂を初めて訪れました。中に入ったとき、意外に凡庸だと感じたことを覚えています。なぜなら、ドームの内観は一面の壁画で覆われていて、構造を見ることがまったくできなかったからです。構造を見ることができないと、その力の流れを感じることができません。いまになって思えば、ブルネレスキはその構法の秘密を隠したかったのでしょう。

　しかし、ここまで話を展開させれば、この大聖堂はまったく違った迫力をもって再び迫ってきます。この大聖堂は、外側からの眺めがむしろ重要に思えます [**fig.6**]。特に教会正面からやや俯瞰的にブルネレスキのクーポラ（ドーム）をとらえた写真を見ると、まさに彼の指揮したドームが、中世の混乱を「結論づける」知的な力業であったことを実感します。さらにローマ帝国時代から続くフィレンツェの街並みのスカイラインを切り裂くように、街角にふと現れるドームとの遭遇に驚くことがありました。そんな場違いの巨大な知的構築物としてこそ、彼の作業を味わうべきなのかもしれません。

　彼の主要作品はフィレンツェに集中しています。この講義の続編にあたる近代建築史講義では、ブルネレスキを別の視点から扱っています。それを受講する前に、是非彼

の作業を自分の目で見てみることをお勧めします★ᴰ。

≫もどれない世界 出来事の不可逆性

　ここで冒頭の問いに戻りましょう。私はルネサンスの定見として「再生」したのは古典的範例（見習うべき手本）としての古代ギリシア・ローマであったと説明しました。しかし、この説明にはいくつか検討しなければならないハードルがあります。そもそも過去を再生させることは可能なのでしょうか。もし可能なのだとすれば、それはどのように行われ、その結果、何が再生されたと言えるのでしょうか。

　古代ギリシア・ローマ建築が、千年以上も過ぎたフィレンツェでそのまま復活するというのは、時間の不可逆性から考えても当然不可能です。ですから、古代建築が再生したとすれば、その「古代建築」は時間の不可逆性を飛び越えていないといけません。つまり、ルネサンスが再生させた「古代建築」とは、すでに無時間的な状態、いわば「抽象的形式」＝「かた」に変化を余儀なくされているのです。さらにこの気づきを発展させていくと、歴史学も過去そのものを再生することが不可能であることに気がつきます。その気づきが、私が最初の講義で申し上げた、「歴史とは、少なくとも２つ以上の事象の間に発生する想像的な時空のことである」という主張に行き着きます。

　このような意味で、私たちのもつ過去のイメージは、歴史的でありながらすでに過去自体を抜け出して無時間的な状態に突入しています。ブルネレスキが援用した古代ローマとは、まさにそういう想像的なものであったはずです。

≫ルネサンスのなかでのゴシックの発見

　さらに進めましょう。単純な古さと見出された「古さ」は明らかに異なります。

　ここで先に述べたグラッソの話を思い出してください。ブルネレスキの種明かしによって、「マッテオ」から「グラッソ」へ戻ったときの彼は、はたして以前のグラッソと同一だったのでしょうか。彼は一度マッテオに成り代わった経験をもつグラッソです。ですから、その後のグラッソは、「自分自身を相対化したグラッソ」としてのグラッソに再生したのです。彼は特殊な経験を経てしまったので、以前の素朴なグラッソに戻ることは永遠にできません。このグラッソの逸話は、ルネサンスを経た後のフィレンツェの街並みを考えるうえでも適用可能です。

　ブルネレスキがドームを架けたことによって、中世の混乱はまるで何もなかったかのように安定しました。ドーム以外、その街並みに何も変わったことはありません。フィレン

ツェの街並みは当時どのように見えたのでしょうか。おそらく、フィレンツェにおける過去からの風景が逆に浮き立って対比的に見えてきたのではないでしょうか。なぜなら、ブルネレスキの巨大なドームがフィレンツェの風景に誕生したとき、フィレンツェの街並みは「巨大ドーム」に対する「過去の街並み」として比較可能な存在に価値づけされたからです。フィレンツェ人たちが華やかなルネサンスのなかで、現在のなかに過去としての「中世」を発見した瞬間です。

　フィレンツェの古い街並みは、ドームがなかった頃の単なる古ぼけた街並みとして存在することはもはやできません。ルネサンス的空間に対比される中世的部分として、その価値をもち始めます。そして1887年、完成した大聖堂の正面には、ゴシック様式が採用されたのでした。つまり、今度はゴシックが「再生」したのです。そのときすでに彼らは、ルネサンス以降の様式とそれ以前のゴシック様式のいずれをも選択しうる状態にあったはずです。

　いま「ゴシック様式を採用した」と申し上げましたが、この、「かた」を主体的に選択しうる態度がルネサンス以降の建築設計における一般的特徴です。各時代の建物は「様式 (style)」となり、それによって、それぞれの特徴的な要素を選択可能になったのです。ルネサンスが古代ローマを再生したことは、様式選択の最初のきっかけになりました。ここから、以前とは異なる創造の地平が始まりました。

≫様式の誕生

　では、私たちが普段何気なく使っている様式という言葉のもつ不思議な力について検討してみましょう。まず、美学上の基礎概念について大変優れたまとめをしている佐々木健一氏 (1943-) の『美学辞典』[E]から様式の定義を紹介します。

定義

人の創造活動がその所産や現象において示す直観的な特徴のうちで、あるグループに固有のもの、あるいは類型的と見られるもの。

——佐々木健一「様式」(『美学辞典』)

　様式すなわち「style」の語源は筆記具を意味するラテン語の「stilus」です。つまり様式は、人々がそれぞれにもつ文体の違いから見出されました。確かに人にはそれぞれ文体があり、有名無名を問わず固有な何かをもっています。しかし、同時にその固有さ

は、他人にも共有可能であるという特徴をもちます。それゆえ、他人の文体を「固有」の
ものとして認めることができるわけです。固有なのに共有可能である点が様式の不思議
な点です。それは何によって可能なのでしょうか。さらに佐々木氏の様式の定義を確認
していきましょう。

様式の多層性とその類義語
(……) 様式概念は多義的・多層的である。普通に使われている様式概念を枚挙するならば、時代様式
(ゴチック、バロックなど)、民族様式 (フランス様式、ジャポニズムなど)、流派の様式 (立体派の様式、バウ
ハウスの様式など)、個人様式、ジャンルの様式などがある。これらは同一の作品に対する様々な切り口
とも見られるから、一つの対象に対して、いくつもの様式概念が層をなして適用されうる。どの様式にせ
よ、それが同じグループの他のものとの違いを示すというかぎりで、個性的特徴といってよい。ただし、
様式はあくまで類型的な特徴を捉えた概念である。たとえ個人様式のようなものでも、それは或る作者
の作品群が共通に示している特徴をいうのであり、この意味で、様式概念は何らかの比較を内に含ん
でいる。
                                                                          ──同

　この一文で最も大切なのは、最後の部分です。様式の固有性は他の様式との比較に
よって把握可能であるということです。ひとつの固有なもののなかからだけでは、その固
有さを言い当てることは不可能です。その意味で様式の発見には他者との比較が必要
なのです。
　これを制服通学の高校と自由な服装が可能である大学との比較で考えてみましょう。
例えば、制服着用を課された高校だと、生徒は制服という枠組みのなかで細かな差異
をつくり出し個性を磨いていきます。スカートの長さ、靴下の種類などです。そのなかで
のファッションの創造的発露は制服というモードを逸脱することはありませんが、皆さん
のなかにもその追求に熱中した人がいるはずです。
　ところが大学に入学すると、制服はなくなります。そのうえ、各地域、各国からの多種
多様な人々と一緒に学習生活を行うことになります。大学でうまく生活するためには、生
活様式も意見も異なるかもしれない他者の違いを認め、平和裡に交流する必要があり
ます。
　そして、各人の個性を打ち立てるためには、一気に拡大した世界のなかで、それぞれ
が魅力的なスタイルをなるべく早めに再構築することが望まれます。大学 (ユニバーシ
ティ) 側の理念は、ユニバースに比肩しうる普遍的空間を用意し、普遍的な教育を実行

することです。教師たちは学生たちを、さも当然であるかのように人格をもつ個人として扱います（扱わなければなりません）。しかし、この自由さがいかに過酷な努力を強いるか、皆さんはすでによくご存じであると思います。私自身がそのような自由な雰囲気にようやく慣れたのは大学２年生の後半くらいでした。

さらに高校の体育祭では、クラス対抗でさまざまな競技が行われることがあります。特に組体操（組立体操とも）では、それぞれの学年やクラスが競って大規模で華麗な成果を目指します。組体操はゴシック教会にも似て、可能な限りの規模と高さが追求されます。それを指導する教員を含めその熱狂的な追求は、彼らが組体操のシステムのなかだけで生きていることを示しています。そして、ひとたびその高さが限界を超えると、時として崩壊と負傷という惨事が発生します。組体操がいかに危険な要素をはらんでいるかは、例えば、高校卒業後に他者の視点をもったときにようやく気づくものです。

これはゴシック教会における高さ競争にとてもよく似ています。高さ競争に熱中している関係者にとってみれば、「ゴシック様式の教会」を選択したわけではありません。彼らは単に教会をつくっていたに過ぎず、そこに選択の余地はありませんでした。その誰もが疑わなかった熱狂の結果としての特徴ある形が、後世の比較可能な視点から見たときにゴシックと呼ばれたのです。

≫旅行と他者の発見

さて、話を戻しましょう。他者の存在に気づいたときに、自分を含めた世界を平和裡に成立させる要点は、お互いに寛容であることです。それは画家であれば、やみくもに自分の描き方を押し通すだけではなく、さまざまな描き方を認め、そのなかで自分の様式を確立させることになるでしょう。佐々木氏は様式概念が成立した条件として示唆的な一文を記しています。

多様性の認識

（……）様式概念を結晶させるのに必要な多くの作例を知るためには、まずは旅行が重要な手立てとなった。職を求めての芸術家たちの移動が、かれら自身に作風の違いを認識させ、次いで人びとの旅行が、鑑賞者や理論家の立場からの認識を培った。（……）差異を様式として認識するためには、自己の趣味や価値観を括弧に入れて、違う文化を独自の存在として認める歴史的意識とそれを支える寛容の精神が不可欠である。

——同

中世の自治都市の興隆によって、さまざまな芸術分野の制作者たちが各都市を渡り歩きました。教会をつくり上げた工匠たちは「あの街の教会よりすごい教会をつくってくれ」などと注文されたことでしょう。画家が呼ばれて貴族の肖像画を描くことになれば、その注文主の理解できる範囲で自分の技巧を凝らしたでしょう。さらに優秀な画家であれば、各地の画風を学び、それをのちに活かしたであろうと思います。

　このような観点から、ヴィンチ村のレオナルド、つまりレオナルド・ダ・ヴィンチやミケランジェロ、さらには後年のモーツァルト (Wolfgang Amadeus Mozart, 1756-1791) らの移動遍歴と彼らの様式確立の関連性を探ることは、極めて重要なことです。そして、同時に各地の注文主たちも旅行をすることで、多様な芸術の存在を認め、それらを取り入れて、各地の都市文化が相乗的に刷新されていったのでした。外の視点から自分の属する都市を見つめ直した彼らもまた、「グラッソ」と同じように、もう素朴な過去には戻れなくなりました。残念ながらこの講義を経験した皆さんも、もう以前には戻れません。

≫疎遠さをもつ創造

　つまり、様式は世界の多様性を成立させるための創造的認識方法です。しかしその一方で、私はそんな多様性を知らずに一心不乱に教会を高く高くしようとした中世の人々の営為に憧れることがあります。組体操のなかには単純な熱中があったはずです。しかし、ルネサンスという古代の再生が始まったときに、高さを志向する中世の人々の熱中は他と比較され、その結果、急速に冷めていったことでしょう。

　様式とともに、私たちは多様な世界をうまく理解し活用する術を身につけましたが、それは同時に、自分の創作行為に対するある決定的な疎遠さを生みました。この疎遠さから近代が始まったのだと私は思っています。自然誌としての時間は過ぎ去り、操作可能な様式が生まれました。ルネサンス以降の建築は、そのような意味で「操作史」の過程を辿っていくことになります。

★1　16世紀に活躍した美術家ジョルジョ・ヴァザーリは、著『美術家列伝』(初版1550) で数回リナシタの語を使って、13世紀後半から始まる古代美術の復興を語っている。上平貢「ルネサンス美術」(『日本大百科全書 (ニッポニカ)』小学館) 参照。
★2　中谷礼仁「第2回　マニエリスムからバロックへ」(『実況・近代建築史講義』LIXIL出版、2017／インスクリプト、2020) 参照。
★3　アントニオ・マネッティ『ブルネッレスキ伝──付 グラッソ物語』(浅井朋子訳、中央公論美術出版、1989)

参考文献・資料

★ A 実験の様子は、ドキュメンタリー「Great Cathedral Mystery」(NOVA, 2014)で詳しく紹介されている。また、PBS
  (Public Broadcasting Service) のウェブサイトでは、映像の購入先情報のほか、全編のトランスクリプトが公開さ
  れている。
    https://www.pbs.org/wgbh/nova/video/great-cathedral-mystery/

★ B 岡﨑乾二郎「転倒する人文主義」(『ルネサンス　経験の条件』筑摩書房、2001／文藝春秋、2014)

★ C G・C・アルガン『ブルネッレスキ──ルネサンス建築の開花』(浅井朋子訳、鹿島出版会、1981)

★ D 中谷礼仁「第1回 時間の宙づりとルネサンス」(『実況・近代建築史講義』LIXIL 出版、2017／インスクリプト、2020)

★ E 佐々木健一『美学辞典』(東京大学出版会、1995)

第 12 回

モダン建築史ゲーム
浮遊する建築様式のあとで
普 遍 性 × 固 有 性

　前回はフィレンツェの《サンタ・マリア・デル・フィオーレ大聖堂》のクーポラ（ドーム）
を取り上げ、その架構の実現にあたってブルネレスキが果たした役割を紹介しました。
彼の作業は、文字どおり時代を画するもので、以降の建築に大きな影響を与えました。
ここから始まるルネサンスでは、古代建築の再生という行為がなされるようになりますが、
この行為はその後の建築創造に根底的な変化をもたらします。その変化とは、いわゆる
様式概念の導入です。

　様式概念が導入される、つまり、建築を様式的に把握するとはどういうことでしょうか。
そこには、自然な流れのなかでの変化ではない、時空を飛び越えて形態を操作するかの
ような、人為的な抽象化のプロセスが内在していたのです。

　さて、こうしたルネサンスの変化が感じられる映画を紹介しようと思っていたのですが、
その様子を的確に描いた作品がなかなか見つかりません。ルネサンスを題材にした映
画はもちろんあるのですが、そこには「グラッソ」が「マッテオを経たグラッソ」に変身し
てしまったような、当時の認識変化のダイナミックさは描かれていません。そういうわけ
で、時代はルネサンスとは異なりますが、大変有名な SF 映画を上映して、少しでもその
パラダイムシフトの大きさを味わってみましょう。

》2001 年 SF 建築様式の旅

　『2001 年宇宙の旅』★ᴬ は、人類史上屈指の SF 映画としてつとに有名です。しかし、
なにぶん 50 年以上も前の映画なので、皆さんのなかにはもう知らない人も多いだろうと
思います。当時の科学知識を結集し、2001 年の宇宙の旅を描いたこの作品は、いまで
も驚嘆すべきシーンに溢れています。今日はそのなかでも終盤のシーン、通称「スター・

fig.1 『2001年宇宙の旅』(1968)　写真：REX/アフロ

ゲート」と呼ばれるワープ・ホール通過以降のシーンをみんなで確認したいと思います。

　この映画は難解とされていますが、後から行ってもらう確認内容はとても単純なものなので、どうぞつき合ってください。それでは抜粋シーンの上映を始めます。

──（『2001年宇宙の旅』抜粋、上映）

　このシーンまでの話の筋をごく単純に解説すると、月面探査中にクレーターから謎の漆黒の物体、モノリスが発見されます。そのモノリスは正確な比率をもった直方体で、人工物であるということがわかります。そして、そのモノリスの製造年代が人類発生のはるか以前であり、さらに、そのモノリスからはいまだに木星に向けて強烈な電波が発射されていたのです。これは明らかに何かへの「招待」であり、その謎を探るべく極秘の有人探査機がその放射先へ向けて出発します。

　その後、宇宙船でトラブルが発生し、搭載されているAIの故障を疑った乗組員たちは、逆にAIの反逆に遭い次々と殺されてしまいます。なんとか生き残った主人公ひとりだけが、宇宙船を脱出して小型のスペースポッドに乗ってとうとう目標地点へ到達します。すると、宇宙空間にまたモノリスが浮かんでいて、主人公はその中に飲み込まれるかのように、さまざまなイメージや光彩のきらめくスター・ゲートを通過していきます。そして行き着いた先が、何者かによって主人公のために用意されたらしい「宇宙ホテル」、西洋式ホテルのスイートルームのイミテーション空間でした[fig.1]。

　いま、主人公が宇宙服を装着したままその見知らぬ部屋に立ち尽くしました。呼吸の音だけが聞こえます。主人公の視線に従って、そのスイートルームの次の間を見ると、

ガウンを着た主人公そっくりの男が食事をしている最中です。するとカメラはその男の視点に突然切り替わります。その男は誰かがいることを察知したように背後を眺めますが、もはや宇宙服の男は消えています。ここでさりげなく時間が切り替わっているんですね。食事途中だった男が気を取り直して、別の方向にあるベッドに視線を移すと、そこに死期も近くなったその男のなれの果てであろう老人が最期の息をしています。

──（上映終了）

このように、このシーンは複雑なカットの積み重ねによって主体の変異を扱っていて、これはこの映画のメインテーマである進化と再生につながります。その後がどうなるか気になる方は、自分の目で確かめてください。

では、ここからが建築史としての練習問題です。男が幽閉されていたこの無機質なスイートルームの内部装飾は何様式でしょうか。これらは西洋式高級ホテルのイミテーションであって、明らかに西洋の伝統的様式の断片が使われています。また、部屋の床が光っていてグリッド線が現れていますよね。これは、この部屋がルネサンスで発明された遠近法★Bを強調した空間であることを示唆しています。扉、家具、彫刻、絵画とその額縁装飾など、まだまだ検討すべき部分が残っていますから、とにかく似たものを探してみることにしましょう。教科書の『図集』★Cをめくって、その様式の断片が含まれていそうな建築作品を探してください。それでは5分後、数名の学生に自分の意見を述べてもらいます。

──（5分経過）

では、ひとりずつ気づいたことを発表してください。

──学生A：《オテル・ド・ラ・ヴリイエール》の「青のサロン」[fig.2、『図集』p.74❸] が似ていると思います。アーチを構造でなく装飾に使っているところです。

鋭いですね。非構造的な薄いアーチ、アーチ形状の壁にはめられた額縁ということでよろしいですか。では、次お願いします。

──学生B：《ホーム邸》[fig.3、『図集』p.77❹] が似ていると思います。

ロバート・アダム（Robert Adam, 1728-1792）の作品ですね。この人はピラネージの銅版画制作のパトロンでもありました。どこが似ていますか？

──学生B：少し立体的に装飾しているところです。

なるほど。少し立体的、つまり装飾が浅い浮き彫りで統一されているということですね。確かにこれも宇宙のスイートルームの装飾の薄さに共通しているように思えます。

fig.2 クロード・ジロー・オードリ《オテル・ド・ラ・ヴリイエール》「青のサロン」（1730頃） 出典：*Les vieux hôtels de Paris*, 1920

fig.3 ロバート・アダム《ホーム邸》（1775-1777） 出典：*Country Life*

fig.4 ニコラ・ド・ピガージュ《ベンラートの城館の広間》（1755-1769）
出典：Rheinisches Bildarchiv, Köln /
Rhein Museum, Köln

fig.5 ロバート・スミスソン《ハードウィック・ホールのロングギャラリー》（1590-1597）

——学生C：《ベンラートの城館の広間》[fig.4、『図集』p.75❸] の、開口が四角くて天井が低いところが似ているように思います。

　左右対称の部屋のプロポーションなどかなり似ていますね。あと、これまでに挙がった作品もそうですが、共通して白を基調にした空間だと思います。

——学生D：《ハードウィック・ホールのロングギャラリー》[fig.5、『図集』p.61❼] です。ぱっと見た印象が似ています。窓の配置の仕方、間隔のきれいな感じからそう思います。

　端正な、均等なリズムですね。それから浮き彫りの浅さもやはり共通しています。

——学生E：わかりませんでした。

では、不明とします。わからないことも重要です。

≫ロココにおける無重力性

　それでは皆さんからの返答の傾向を見てみましょう。『図集』の74、75、77ページあたりに答えが集中しました。皆さんの選択眼は大変素晴らしいと思います。74、75ページに載っているものは〈ロココ様式〉と言われるもので、18世紀初期のフランスの宮廷、貴族たちのなかで流行した室内様式です。それを裏づけるかのように、この「宇宙ホテル」に掛けられた絵画はロココ期の画家フランソワ・ブーシェ（François Boucher, 1703 -1770）の絵画と酷似していることがすでにこの映画を研究する専門家たちによって指摘されています。さらに、『図集』の77ページに載っているのはロココ後にヨーロッパを席巻した、ルネサンスのさらなる反復である〈新古典主義〉でした。新古典主義については、この講義の続編である近代建築史の講義★Dで扱うので今回は詳述しません。今日は近代建築史の講義でも扱わないロココ様式についてお話ししておきましょう。

　美術史家のE・H・ゴンブリッチ（Ernst Hans Josef Gombrich, 1909-2001）が、名著『センス・オブ・オーダー』(1979)★Eでロココについての大変興味深い指摘をしています。それは、ロココが浮遊性、無重力性を伴っているという指摘です。ロココと言えば、単なる富裕層の華奢な趣味だと思っていたのですが、ロココ様式には無重力性があるという指摘は目から鱗でした。

　さらにゴンブリッチは、グロテスク装飾にも同様の無重力性があることを指摘しています。グロテスク装飾は、埋もれたローマ遺跡に残された壁画の再生がきっかけで生まれました★F。グロテスクの語源である「グロッタ」とは洞窟という意味です。グロッタの中で発見された壁画には、動物や人が植物に絡み合いながら変化するように描かれていました。そしてその模様は、重力を無視するかのように、か細い足で直立したり浮いていたりしたのです。それがグロテスク装飾の始まりでした。

　一方のロココは、このグロッタを人為的につくり出すための石組みを意味するフランス語の「ロカイユ (rocaille)」を語源としています。つまり、この貴族趣味は、無重力性をもつ古代ローマの壁画装飾の再生であり、その建築的展開としての様式でもあったのです。

　ここまでくれば、『2001年宇宙の旅』を監督した天才スタンリー・キューブリック（Stanley Kubrick, 1928-1999）が、なぜロココ様式や新古典様式を宇宙ホテルの様式に採用したかがおわかりになると思います。それは無重力化されたロココ様式、そしてい

fig.6 《ラウレンツィアーナ
図書館》(1523-1552)へ
向かうロビー

くたびもの再生を重ねた新古典様式の洗練が、宇宙ホテルの内装としてぴったりだった
からです。このホテルの室内がゴシック様式であったなら、この浮遊感は薄れていたで
しょう。ゴシックは様式となっても、やはりヨーロッパの地域性を強固に想起させる固有
性をもっていたのです。

　このように様式は未来の様式としても選択可能だということがおわかりになったかと
思います。皆さんが指摘しなかったもので似ているなと私が感じたものは《ラウレンツィ
アーナ図書館》へ向かうロビー [**fig.6**、『図集』**p.54 ❻**] です。これはブルネレスキ設計の
教会横に併設された建築で、ミケランジェロがその1世紀後にデザインしたものです。
その図書館の内部エントランスには機能のない窓が単なる装飾になって浮いています。
このような技巧的な手法を〈マニエリスム〉と言いますが、再生された様式の無根拠性
を意図的に用いた最初期の例でした。

　さて、ここまで私がお話しした様式は、すべてルネサンス以降の様式から選択された
ものであって、さらにそれらは各時代のデザイナーによってさまざまに選択、反復、融合
を繰り返されてきたことがわかると思います。前回私が、ルネサンス以降の様式を操作
史であると表現したことの現実が、皆さんの指摘した建築、そして、この映画のシーンに
蓄積しているのです。〈バロック〉という偉大な例外もありますが、極言すれば、ルネサン
ス以降19世紀までの西洋建築様式のほとんどは、古代建築からゴシックまでにすでに
発明されたさまざまな建築形態の反復、改変、融合によって成り立っています。

≫モダン建築史ゲーム

　さて、本日は最後の講義になります。この講義を通じて、皆さんもだいぶ様式読解の能力が身についているのではないでしょうか。そのまとめとして、ここでひとつゲームをやってみましょう。その名も「モダン建築史ゲーム」です。ルールは配布したプリントに書いてあるとおりです。プリントにはルネサンス以降の建築が20例印刷されています。これらを、あるルールに従って分類し、並べ直すというゲームです。ゲーム名にある「モダン」とは時代概念ですが、ここではルネサンス以降★1という意味で用いています。

モダン建築史ゲーム

〈はじめに〉

久しぶりにカードを使ったゲームをする。

20枚の建築写真は、すべてルネサンス以降の西洋建築から採用したものだ。中谷の仮説では大きく3つのグループに分けられると思う。

▶Aは普遍性の系で、世界中のどこにでも通用するような抽象原理的な設計方法を採用するものだ。明快な形をしているものが多い。その形の特徴を他人に伝えやすいものと考えてほしい。

▶Bは固有性の系で、普遍性の系に対立して個性や地域性を重んじるものだ。要は、その形の特徴を他人に伝えにくいもの（作者以外はつくりにくいもの）である。

▶そしてCは、その中間に属する。AとB両方を表現しているようなもので、極めて少ない。AかBかの解釈で困ったときに、1回だけ使っていいジョーカーのような作品である。

　少し補足説明をします。このゲームの目的は、様式概念確立後の建築について、その形態的特徴をおおざっぱにつかまえることです。私が主張するように、ルネサンス以降の様式が再生改変を繰り返し時代を超えて現れるものであれば、建築様式には、もはやある時代や地域に強固に結びついた自然な特性はないということになります。そうなると、まずは時代や地域に関係なくどこでも成立するかのような純粋幾何的な傾向をもつ様式が現れます。要は、普遍的な形態をつくり上げようとする建築様式です。建築におけるルネサンスとは、まさにこのような目的をもっていました。そのために幾何的に合理的であるローマ建築が再生されたわけです。これを〈A〉普遍性の系としました。しかし、このような普遍的な形態を追求する裏側で、同時に地域性、固有性への追求が生まれます。

　例えば、もし京都が地球上のどこにでもあるような建築で埋め尽くされようとしたら、

必ず反対運動が起きるでしょう。なぜなら、京都の町並みには固有の京都らしさが色濃く残っているからです。ここで地域のデザイナーは普遍性に簡単に回収されない京都らしい様式をつくろうとするでしょう。あるいは現代的なモダンな建築が増えていくなかで、それに抗い、自分の個性や好みを大事にしようという個人様式も登場してくるでしょう。こういう動きを〈B〉固有性の系としました。これらは様式確立後、建築に現れる対極の概念です。文明の中心地では〈A〉普遍性の系が追求され、その追求に脅かされる周縁の地域あるいは個人は〈B〉固有性の系を追求しがちかもしれません。あるいは〈A〉が流行すると、次に〈B〉が短期間追求されます。この二項対立はルネサンス以降の建築様式の動きを見ていると常に繰り返しているように見えるのです。

　さて、ゲームの進め方です。

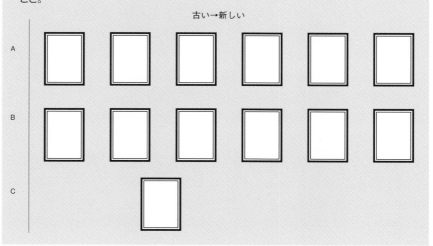

〈ルール〉

1. 7、8人でチームをつくる。

2. 20枚の建築写真をA、B、Cの見方に沿って、メンバーで相談のうえ、分類する。

3. 分類後、その系ごとに、古いものから順に並べる。

4. 全チームが黒板に用意した表にその結果を書き込む。

5. これは実験なので、その建築の情報を教科書で確かめたりせず、与えられた画像だけから考えること。

古い→新しい

A

B

C

　それでは、これから20分以内に作業を終えてください。その後、結果を検討します。

Amada44 (CC BY 3.0)

Architas (CC BY-SA 4.0)

Rafaelji (CC BY-SA 3.0)

5

michaelXXLF（CC BY-SA 3.0）

6

© Ralf Roletschek / Roletschek.at

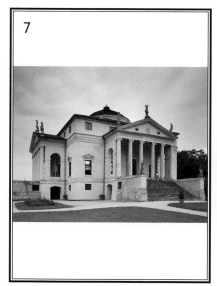

7

Stefan Bauer（CC BY-SA 2.5）

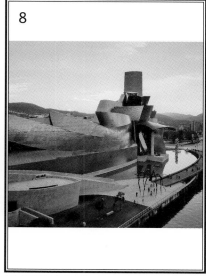

8

Julio535（CC BY-SA 4.0）

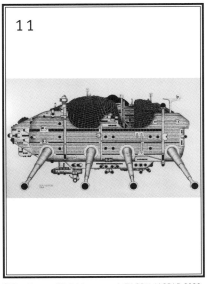

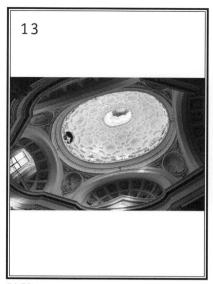

著者撮影

Gunnar Klack (CC BY-SA 4.0)

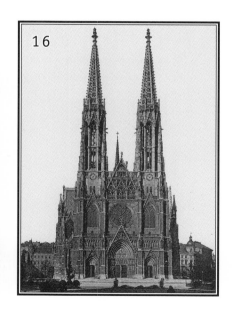

gillfoto (CC BY-SA 4.0)

Johan Jönsson (CC BY-SA 4.0) ／Arild Vågen (CC BY-SA 4.0)

dalbera (CC BY 2.0)

Paolobon140 (CC BY-SA 4.0)

　それでは、結果を検討しましょう。さてその前に、黒板に書いてもらった後で、中谷による分類とともに、その建築の正確な情報を配布しました。中谷による分類は、それが正解というわけではなく、あくまでもこのルールに従って私自身が行ってみた回答例にすぎません。チームごとの回答と同格に考えてください。

カードの配列の答え

no.	建物名	作者／場所など	竣工年代	様式区分	分類例
1	サンタ・マリア・デル・フィオーレ大聖堂	フィリッポ・ブルネレスキ／イタリア フィレンツェ	1296-1436	ルネサンス	A
2	サン・カルロ・アッレ・クァトロ・フォンターネ教会	フランチェスコ・ボッロミーニ／イタリア ローマ	1641	バロック	B
3	オルタ自邸	ヴィクトール・オルタ／ベルギー ブリュッセル	1898	アール・ヌーヴォー	A
4	水晶宮	ジョセフ・パクストン／イギリス ロンドン	1851	モダニズム前史	A
5	ヴィース教会	ドミニクス・ツィンマーマン／ドイツ ヴィース	1754	後期バロック／ロココ	B
6	モントリオール万博アメリカ館フラー・ドーム	バックミンスター・フラー／カナダ モントリオール	1967	モダニズム（技術主義）	A
7	ヴィラ・ロトンダ	アンドレア・パッラーディオ／イタリア ヴィチェンツァ	1570	盛期ルネサンス	A
8	ビルバオ・グッゲンハイム美術館	フランク・O・ゲーリー／スペイン ビルバオ	1997	モダニズム（デコンストラクティビズム）	B
9	垂直都市計画（プロジェクト）	ルートヴィッヒ・ヒルベルザイマー／ドイツ	1924	モダニズム	A
10	ソーン美術館（元自邸）	ジョン・ソーン／イギリス ロンドン	1824	折衷主義＋モダニズムの黎明	C
11	ウォーキング・シティ（プロジェクト）	ロン・ヘロン／イギリス	1964	モダニズム（ポップ・アート）	A
12	ニュートン記念堂（プロジェクト）	エティエンヌ・ルイ・ブーレー／フランス	1784	新古典主義（革命建築）	A
13	サン・カルロ・アッレ・クァトロ・フォンターネ教会（内観）	フランチェスコ・ボッロミーニ／イタリア ローマ	1641	バロック	B
14	イエール大学英国美術研究センター	ルイス・カーン／アメリカ ニューヘイブン	1974	モダニズム	A
15	グラスゴー美術学校	チャールズ・レニー・マッキントッシュ／イギリス グラスゴー	1909	初期モダニズム＋ゴシック＋ジャポニズム	B
16	ヴォティーフ聖堂	ハインリヒ・フォン・フェルステル／オーストリア ウィーン	1879	ゴシック・リヴァイヴァル	B
17	ストックホルム市立図書館	グンナール・アスプルンド／スウェーデン ストックホルム	1928	新古典主義からモダニズム	A
18	帝国ホテル	フランク・ロイド・ライト／日本 東京	1923	有機主義	B
19	イタリア文明宮	ジョヴァンニ・グエリーニほか／イタリア ローマ	1942	モダニズム（ファシズム建築）	A
20	サンタ・マリア・プレッソ・サン・サティーロ聖堂	ドナト・ブラマンテ／イタリア ミラノ	1482-1486頃	ルネサンス	A

　さて、皆さんの傾向はどうなったでしょうか。ここでゲームの勝敗ルールを決めておきましょう。実は、ゲームの勝敗は皆さんの間のみで競われるものではなく、ゲーム提案者である私の指導者としての資質をも問うものです。

①タイプABCが、クラス全体の結果にある程度共通していて、かつ年代判定が共通していない。

……ゲーム提案者の歴史理論は正しい。ルネサンス以降、西洋建築は普遍性、固有性を両極とする様式が、時間の流れから切り離されて展開している。

②タイプABCが、クラス全体の結果にある程度共通していて、かつ年代判定も共通している。

……ゲーム提案者の歴史理論は修正を要する。ルネサンス以降の建築様式は普遍性、固有性を両極としながら、同時に時代的発展をも反映する。

③タイプABCが、クラス全体の結果に共通しておらず、かつ年代判定も共通していない。

……ゲーム提案者の歴史理論は完全に間違っている。指導者の資格はない。

　以上となります。ここで、私のクラス全体の傾向についての予想を申し上げておきます。それは①と②の中間になるでしょう。産業革命によるモダニズム建築の成立など、様式概念に関係なく、建築産業の技術発展が建築素材や表現を刷新することもあるからです。具体的にはコンクリートやガラスや鉄の使用による建築形態の変化ですね。さて、結果はどうだったでしょうか。

≫モダン建築史ゲーム 結果発表

　ここまでまず、ABCが選択可能なわけですが、それぞれの建築写真に対する回答の7割が同じタイプになっていたら、その建築にはタイプがあるとしましょう。

　1のブルネレスキによる《サンタ・マリア・デル・フィオーレ大聖堂》（イタリア、1296-1436）はもう圧倒的にAが多いですね。さすがにルネサンスの幕開けを告げる作品です。私の判断もAです。

　2のバロックの最高傑作のひとつである、ボッロミーニ（Francesco Borromini, 1599-1667）による《サン・カルロ・アッレ・クアトロ・フォンターネ教会》（イタリア、1641）のうねるファサードは、逆に答えが圧倒的にBになっています。13の同教会の内観は悩むところですが、ファサードは私もBを選択しました。

　3のヴィクトール・オルタ（Victor Horta, 1861-1947）による《自邸》（ベルギー、1898）の内観は、アール・ヌーヴォーの植物的な金属細工による装飾が有名です。私の回答はBです。皆さんの回答もおおむねBですが、1、2に比べると圧倒的とは言えません。おそらく金属という新しい建築素材が近代という時代を感じさせたのでしょう。これに比べて、4のジョセフ・パクストン設計の万博建築である《水晶宮》（イギリス、1851）は、皆さんAを選択しています。私の回答もAです。

fig.7　集計結果（2019年度）　著者撮影

　ここまではおおむね、タイプ判定に先のＡ、Ｂは有効そうですね。それでは意見が分かれたものも検討してみましょう。

　15のチャールズ・レニー・マッキントッシュ（Charles Rennie Mackintosh, 1868-1928）による《グラスゴー美術学校》（イギリス、1909）では、皆さんは圧倒的にＡを選びましたが、私はＢの固有性の系を選んでしまいました。この建物は初期モダニズムですが、彼の特異な造形操作が見事なので、私はＢにしたのです。しかし、そのようなコンテクストを知らなければ、確かにＡと言われても仕方がないと思います。

　18のフランク・ロイド・ライト（Frank Lloyd Wright, 1867-1959）による《帝国ホテル》（日本、1923）も意見が真っ二つですね。私はＢを選択しました。この建物はモダニズムの一潮流ですが、特有の造形を目指したものであったからというのが理由です。これも15のマッキントッシュと同じように直線部分の多用を見るとしたら、Ａが混じっていてもおかしくありません。

　20はブラマンテ（Donato Bramante, 1444頃-1514）による《サンタ・マリア・プレッソ・サン・サティーロ聖堂》（イタリア、1482-1486頃）の内観です。多少込み入った部分もありますが、大きくはルネサンスの真円アーチなどのわかりやすい形態を使っているので、私はＡとしました。しかし、細部の装飾を見てＢとする方もいるでしょうし、実はこの建物にはだまし絵的な特徴があるのです[B]。もし皆さんがそこを嗅ぎつけてＢとしていたら、大変優れた鑑識眼だと思います。

　以上のように、回答が私のものと違っている場合も、十分に理解可能な判定が下され

ているのは素晴らしいと思います。むしろ、私の方が多少作品の文脈に引きずられた可能性もあります。

　さらに、迷ったら1回のみ使えるＣの分布状況を見てみましょう。

　10のジョン・ソーン（John Soane, 1753-1837）による《ソーン美術館》（元自邸、イギリス、1824）は、私はＣを選択しました。皆さんすべてがＢを選択しています。私もこの作品は迷いに迷ってＣを使いました。なぜなら、さまざまな固有の装飾が置かれながらも、建築の全体は合理的なＡの形態を保持しているという、キメラ的な要素がこの作品の魅力だからです。

　11のアーキグラムのメンバー、ロン・ヘロン（Ron Herron, 1930-1994）による《ウォーキング・シティ》（プロジェクト、イギリス、1964）は、魅力的な未来的作品ですが、これも同じ感じです。つまり、合理的な科学的作品でありながら、都市が自ら足をもって動くという特殊な発想のプロジェクトだからです。迷ってＣをつけた学生チームがあるのはよくわかります。

　時間の流れはどうでしょうか。もうこれは結果を見ればわかるとおり、皆さんの編年分析はまちまちです。例えば、16のハインリヒ・フォン・フェルステル（Heinrich von Ferstel, 1828-1883）による《ヴォティーフ聖堂》（オーストリア）は、ウィーンにあるゴシック様式の建築ですが、建てられたのは1879年と相当新しいのです。これでは外観による様式建築の時代判定は無理に等しいでしょう。ただし、コンクリートや鉄を用いた作品は時代的に新しい技術であることがわかるので、大きくその時代傾向は反映されているようです。

　はい、これでゲームは終わりました。結果はどうでしょうか？ ゲーム提案者である私の、指導者としての教員生命はかろうじて保たれたようです。このゲームの結果は、毎年自分を試されているようでドキドキします。私の評価はさておき、このゲームでより大切なことは、皆さんが今日、建築史研究者のとば口に立ったということです。暗記するための歴史の授業ではなく、提示された建築群の傾向を仮説に基づいて比較検討し、分類し、その結果によってその仮説の真偽を判断し、さらに新しい見解に達する。これは研究者が日常的に行っていることですが、それをこの最後の講義でやってみたかったのです。

≫比較することから始めよう

　このような作業を可能にするのは、この講義のテーマである「比較」です。皆さんは徐々に気づいていたと思いますが、この講義では毎回なんらかの比較作業をしていました。例えば、パルテノン×法隆寺（第2回）、石×土×木（第3回）、ウィトルウィウス×現代

建築学（第4回）、ギリシア比例論×ル・コルビュジエ（第5回）、柱梁×アーチ（第6回）、集中式×バシリカ式（第7回）、古代末期×ロマネスク（第8回）、ロマネスク×ゴシック（第9回）、僻地×都市（第10回）、自然誌×操作史（第11回）、そして、本日の講義では普遍性と固有性の両極が検討対象でした。

　いずれにせよ、比較することは、新しい想像的空間を自分に与える契機となります。これはいろいろな場面に適用可能です。例えば、建築を見学するときは1日で2つ以上見るといいと思います。ひとつの建物しか見なかった場合、その建物のなかだけでいろいろと考えることになります。するとその建物のことをどれだけ考えても、その建物が存在しているという事実の外には出られません。しかし、2つ以上の建物を見た場合、それらの比較によって、より簡単にそれぞれの特徴をとらえることができます。さらには、その2つの経験の間をつなぐような物語を考えてみようという意欲が生まれます。これが比較、ひいてはウィトルウィウスの言う〈アナロギア〉の大事な作用です。

　以前、ある学生がこの講義の感想を書いてくれました。そこにはこう書いてありました。「私は歴史を学ぶことで、いままで知っていた知識と新しい知識との歴史上のつながりを発見、理解できたとき、バラバラだったピースが自分のなかでつながっていくような快感、達成感を感じた。講義のなかでも、私的にはプレート境界の旅のときの話がとても興味深かった。世界各地のさまざまに異なる土地条件によって、それに合うようにまちや住宅が形成されてきて、そのそれぞれのまちにはそれぞれの歴史があって、そこに住む人たちはその歴史を生きてきて、その人たちにもそれぞれ歴史があって、といろいろ考えをめぐらせるととても壮大で、ロマンがあるなと感じた。そして、それらの建築史をこれから学んでいくことで、設計の際の知識などに活かして、より深みのあるものをつくっていけたらうれしい。夏休みにもっと歴史を学んでおきたいと思うので、おすすめの本などありましたら、教えていただきたいです」。

　建築の歴史を考えることの楽しみは、私もこの学生の方とまったく同じです。いままでバラバラだと思っていたピースが自分のなかでつながったとき、それによっていままで知らなかった新しいパズルがあったことに気がつきます。その新しいパズルこそが自分の思考に加わった新しい空間にほかなりません。その空間の発見こそが、頭のなかの風通しをよくしてくれる快感に近いものなのです。

　さて、せっかくですから休み中に挑戦しがいのあるおすすめの本をいくつか紹介して、この講義を終わりましょう。

▶ 井上充夫『建築美論の歩み』(鹿島出版会、1991)／『日本建築の空間』(同、1969)

　まず、故井上充夫先生(1918-2002)の『建築美論の歩み』は、建築史の根本である建築をどう見るかということについての歴史を体系的に著した労作です。建築にいかに美が見出されていったかを切り口に、古代から近代に至るまでの多くの建築史書やそこから派生した建築論が紹介されています。世界的にも相当高品質の教科書なので、自分に合った入り口を見つけるためのインデックスになりえます。ちょうど『図集』を見てこの建築面白そうだなと思うように、自分の興味があるテーマの建築書を探すのに最も適していると思います。

　また、井上先生は西洋建築のみならず日本建築を扱った『日本建築の空間』も著しています。ここで氏は西洋と日本建築とを比較し、そこに「幾何学的空間」と「行動的空間」という比較項を発見しています。この論文の骨子が、昭和18 (1943) 年という戦時中の危機的な状況のなか、まだまだ若い学徒であった井上先生によってまるで遺言のように書かれたことが、いまでも有数の比較建築史として推薦できる所以です。

▶ マルク=アントワーヌ・ロージエ『建築試論』
(三宅理一訳、中央公論美術出版、1986、原著 *Essai sur l'architecture*, 1753)

　今回の講義の普遍性、固有性という枠組みは、『建築美論の歩み』を私なりに読解し皆さんに提示した結果です。建築書における普遍性の系としては、西洋文明の中心地であったフランスが強くて、ロージエ神父 (Marc-Antoine Laugier, 1713-1769) による『建築試論』がまず挙げられます。この本の挿絵である「原始の小屋」は、最も有名な建築イメージの1枚です。

　建築は何から生まれたか。それは、自生する4本の木にほかの木を伐って梁を差し掛け、枝を根太にして葉で覆ったものであり、これが建築の原形であるというわけです。しかし考えてみれば、そんなに都合よく4本の木が整然と生えているわけないわけですから、これはやはり想像的なものです。この絵が面白いのは、この原始の小屋を指し示すミューズが破棄されたオーダーの残骸に腰掛けていることです。様式はもはや装飾であり本質的なものではなく、本質的なものは骨組みだけなのだということでしょう。こういう事後的な始原探しはえてして還元主義に陥ってしまう危険性があります。しかし、この考え方がモダニズム建築を用意したとも言われています。

▶ ジャン=ニコラ=ルイ・デュラン『デュラン比較建築図集』(長尾重武編、玲風書房、1996、
原著 *Recueil et parallèle des édifices de tout genre anciens et modernes*, 1800)

次に紹介したいのはジャン=ニコラ=ルイ・デュラン（Jean-Nicolas-Louis Durand, 1760-1834）によるカタログです。彼はエコール・ポリテクニークという芸術系ではない技術系の建築大学の校長であったのですが、考えられうる限りの歴史的建築を同一縮尺の平面図、立面図、断面図として収録しました。一覧にすることで、例えば偉大と言われる《パルテノン》も、実は意外と小さい建築物であったということがわかります。このような平板でニヒルな視点もまた、普遍性の系と言うことができるでしょう。

▶ **A・ウェルビー・N・ピュージン『対比』（佐藤彰訳、中央公論美術出版、2017、原著 Contrasts, 1836）／ゲーテ『イタリア紀行』（相良守峯訳、岩波書店、1960、原著 Italienische Reise, 1816-1817）**

　固有性の系譜としては、わかりやすいところではゴシック建築がルネサンス的様式に比較して優秀であることを執拗に強調したイギリスのオーガスタス・ウェルビー・ノースモア・ピュージン（Augustus Welby Northmore Pugin, 1812-1852）の『対比』が挙げられますが、良質なところでは知的ロマン主義者として名高いゲーテ（Johann Wolfgang von Goethe, 1749-1832）がいます。色彩学、地質学などにも興味を示していた彼は、故郷の地の建築であるドイツ建築についての論を複数著しルネサンス建築との違いを強調していますし、さらに『イタリア紀行』は、環境と建築など、芸術諸分野における地域的な関連を意識した書物として重要です。

▶ **ヴォリンゲル『抽象と感情移入』（草薙正夫訳、岩波書店、1953、原著 Abstraktion und Einfühlung, 1908）／ニーチェ『悲劇の誕生』（西尾幹二訳、中央公論新社、2004、原著 Die Geburt der Tragödie, 1872）**

　19世紀後半から20世紀初頭にかけては、このような普遍性と固有性の系譜が総合され、より理論が深まっていく時期です。美学研究者としては、建築の誕生を骨組みではなく被覆に見出したゴットフリート・ゼンパー（Gottfried Semper, 1803-1879）、芸術意志という内的衝動を第一義としたアロイス・リーグル（Alois Riegl, 1858-1905）、バロック芸術の特異性を強調したハインリヒ・ヴェルフリン（Heinrich Wölfflin, 1864-1945）、芸術意志に具象性と抽象性へ向かう対立的二項があると主張したウィルヘルム・ヴォリンガー（Wilhelm Worringer, 1881-1965）の『抽象と感情移入』、そしてニーチェ（Friedrich Wilhelm Nietzsche, 1844-1900）の『悲劇の誕生』における理性神としてのアポロンと欲動に突き動かされるディオニュソスの対比による芸術論などが著名で

す。これら全体を通覧して、やはり私には、普遍性と固有性の極をめぐる解釈が、様式概念獲得後の建築論、芸術論の基本モチーフだと思っています。

▶ ヴィオレ=ル=デュック『建築講話』（飯田喜四郎訳、中央公論美術出版、1986、原著 *Entretiens sur l'Architecture*, 1863-1872）

さて、建築を勉強する皆さんとしては是非ヴィオレ=ル=デュク（Eugène Emmanuel Viollet-le-Duc, 1814-1879）とジョン・ラスキン（John Ruskin, 1819-1900）に挑戦してみてください。彼らはどちらもゴシック擁護者でしたから、もともとは固有性の系譜に位置するのですが、その深度は深いです。ヴィオレ=ル=デュクは鉄などの新しい素材の使い方とゴシック建築の構築法を融合させ、ゴシックのなかにむしろ普遍的合理性を探るような統合的理論を打ち立てようとしました[★2]。彼は『建築講話』を著し、また、ごく初期の歴史建造物の復元建築家でもありました。一方、ラスキンは複雑な自然の形状をとめどないインスピレーションの源泉として、建築を形態的な真実性という側面から検討しようとしました。しかし、私自身がまだラスキンのロマン的本質をつかんでいないので、とりあえず名前を挙げるにとどめましょう。

▶ ジョージ・クブラー『時のかたち──事物の歴史をめぐって』（中谷礼仁、田中伸幸訳、鹿島出版会、2018、原著 *The Shape of Time*, 1962）

このような芸術様式について、さらに現代的な視点で、平明かつ発見的な論理を提示してくれたひとりが、先にも紹介したE・H・ゴンブリッチでした。さらに各時代の建築や絵画を、原始以来の、異なる歴史的経緯をもつかたちの集合と離散として解明しようとしたジョージ・クブラー（George Kubler, 1912-1996）の『時のかたち』がようやく邦訳されました。この本によって私たちはようやくルネサンス以降の様式概念の呪縛から解放され、比較の視点をもてるようになりました。こちらも是非挑戦してください。

▶ サン=テグジュペリ『人間の大地』（渋谷豊訳、光文社、2015、原著 *Terre des hommes*, 1939）

第3回のプレート境界をめぐる古代建築史の講義が気に入っていただけたとしたら、もしお読みでなければアントワーヌ・ド・サン=テグジュペリ（Antoine de Saint-Exupéry, 1900-1944）の『人間の大地』をお勧めします。パイロットでもあった彼は飛行中に墜落して消息を断ってしまいますが、生前の実話に基づいて書かれた話がこの『人間の大

地』です。彼が砂漠で遭難し救出されるまでのこと、そのときに考えたことなどが書いてあります。そのなかに私が忘れられない逸話があります。黄金と水が同じ価値であるくらい、水が貴重なサハラ砂漠の民が、フランス東部のサヴォワ地方の滝を訪れたときの話です。目の前には、この10年間1滴たりとも彼らの地には落ちてくれなかった水が、いま、滝となって唸りを上げているのです。呆然と立ち尽くす彼らに、土地のガイドがそろそろ帰ろうと促すと、彼らはもう少し待ってくれと言います。ガイドは言います。

「それ以上、何を見るんです? さあ……」

「待たなければ」

「待つって、何を?」

「終わりを」

———『人間の大地』(渋谷豊訳)

　大変印象的な会話です。砂漠の民には滝の存在自体信じられなかったでしょうが、バケツで蓄えた水を流せば必ず終わりがあるように、この滝には終わりがあると彼らは思ったのでした。しかし、滝はそうではありませんでした。滝は彼らにとってこれまでの経験を超えた存在でした。このような存在に出あうとき、私たちは自身の経験を一気に広げることができます。過去の建築に触れるとき、多かれ少なかれ、このような滝が流れています。それはこれまでの自分の経験には収まりきらないものです。そのような存在があることを認め、同時に自分の経験も認めるとき、私たちは一つひとつ経験を深くしていくのだと思います。

★1　モダンをルネサンス以降としている理由については、中谷礼仁「歴史とは何か、近代とは何か」(『実況・近代建築史講義』LIXIL出版、2017／インスクリプト、2020) を参照。
★2　後藤武『鉄筋コンクリート建築の考古学——アナトール・ド・ボドーとその時代』(東京大学出版会、2020) は、そのことをよく押さえた大変面白い本ですのでお勧めします。

参考文献・資料
★A　映画:『2001年宇宙の旅 (2001: A Space Odyssey)』(スタンリー・キューブリック監督、1968)
★B　中谷礼仁「第1回 時間の宙づりとルネサンス」(『実況・近代建築史講義』LIXIL出版、2017／インスクリプト、2020)
★C　日本建築学会編『西洋建築史図集 (三訂版)』(彰国社、1981)
★D　中谷礼仁「第3回 新古典主義と知性の暴発」(『実況・近代建築史講義』LIXIL出版、2017／インスクリプト、2020)
★E　E・H・ゴンブリッチ『装飾芸術論——装飾芸術の心理学的研究』(白石和也訳、岩崎美術社、1989 [原著 *The Sense of Order: A Study in the Psychology of Decorative Art*, 1979])
★F　中谷礼仁「第2回 マニエリスムからバロックへ」(『実況・近代建築史講義』LIXIL出版、2017／インスクリプト、2020)

あとがき

　大学に入る前から、歴史は嫌いではなかった。講義でも述べたが、高校時代の世界史の教員が生き生きとした授業をしてくれたからである。

　そして、建築も嫌いではなかったが、建築を思考する土台が予想以上に保守的であることに違和感を覚えた。『実況・近代建築史講義』でも述べたが★1、建築は基本的には遅くやってくる芸術である。なぜなら、建築の実現にはまず資本が必要であり、錯綜する思惑を統合し社会空間的に安定させなければならないからだ。その意味で、学生の頃の私は、ミュージシャンが刻む新しいリズムのパタンにこそ最も早い世界の兆候を聴き、次に言葉、次いで平面作品や小規模のオブジェに、次第に固まりつつある世界像を見ていた。建築が受けもつのは、それら前に行くものの試みを、さらに力強く社会的、空間的に実現させることなのだ。この「遅さ」には逆に他の芸術がなしえない、空間をつくるための幾何学があるのだから、悪いことだけではない。

　大学時代の私には、高校以来ほぼ毎日通っていた店があった。もう廃業してしまったが、高田馬場の某有名中古レコード店である。買ってすぐ売れば、差額は300円から500円くらいで、気に入ったらコレクションできる。ある日、入荷したての中古盤をチェックしていると、カウンターにいたその店の主人に声をかけられた。その主人曰く、2階に店を増床するから、その分のレコードのクリーニング、パッケージング、そして値段づけまでやってみないかということだった。

　「高価な盤はないから心配しないでいい。私が求めているのは妥当な値段設定」。

　そして、夏休みに数万枚のレコードを触り、クリーニングして、値段をつけた。それは私が大学時代に得ることのできた最も貴重なアルバイト、そして授業のひとつになった。

　まず、物理的に溝に変換することで音を記録した約30cmのビニール円盤がある。さらに、同じ内容でも時代によって異なるレーベルが存在する。さらに細かく言えば、プレスの版数も異なる。それらは再生音を左右するカッティングの違いにつながる。そして、ジャケットの紙質、印刷、匂い、折り方の違いがある。また、ジャケットのデザインも重要である。そのデザインは収納された音に見合った視覚的イメージでなければならないは

ずである。音とイメージに甚だしいギャップがあれば、そのレコードのつくり手にはセンスか情熱かもしくはそのいずれもがないのだ。さらに盤には多かれ少なかれ使用に伴う傷がついている。傷は大きくても浅ければノイズは小さいが、小さく見えてもクリーニングの時点で手に引っかかるような深い傷もある。これは大きく値段に響く。知れば知るほど、最初はひとつの音だったはずのその世界は細分化されていく。こういうことをすべてまとめて、最後はえいやと値づけをするのである。1枚のビニール盤に社会の動きが濃密に凝縮されていた。そのうえ、一旦流通したものが役目を終えて集まってくる中古盤店には、過去を新しく価値づけるという歴史的評価の層が加わっていた。私はそこで、おのずと歴史学でいう史料批判（その史料がどのような価値をもつかを吟味する）の方法を身につけることができたと思う。だから私の歴史の最初の先生はこの中古盤店であった。

　建築ができるまでの過程は、そんな1枚のビニール盤よりもはるかに複雑なことは確かである。しかし、本質はそんなに変わらないと思う。建築に埋没するのではなく（私にはこれができない。正直に言うと嫌いである）、むしろ建築を主体的に価値づけるためには、この講義で再三説明してきた比較という行為が有効である。先にも説明したように、中古盤が出来上がるまでの各プロセスのよし悪しを判定するには、それぞれに独立した比較要素が存在していた。建築のよし悪しを決めるときにも、その建築がどのプロセスにおいて優秀なのかを考えてみたり、音とジャケットデザインの関係のように異なる部分が予想以上の相乗的な効果をもたらすことに驚いたり、それらが結果としてその建築総体の質を決定しうるほどの特筆点をもっているかを検討しているのである。この書籍では、実際の講義に基づいて、そんな、建築のよし悪しを自分で判断しうるいくつもの比較の方法とその組み合わせ方を提示した。歴史に残る建築とは、心に残る音楽、言葉と同じく、諸要素のチューニングがこのうえもなく「ビシッ」と合ったときに現れる。

　そして最後に。この本は『実況・近代建築史講義』より前の時代を扱っている。通常

の時代区分であれば、西洋建築史は19世紀折衷主義まで、近代建築史は近代主義建築が始まる主に20世紀以降を扱う。しかし私の考えに従って、本書『実況・比較西洋建築史講義』は古代ギリシアから15世紀ルネサンスのとば口まで、『実況・近代建築史講義』は同ルネサンスから近現代までを展開した。だからこの二書はつなげて初めてひとつのまとまりになっている。

　これとは別に、いまの大学では担当していないが、30代の頃勤務していた大阪の大学では日本建築史の講義も担当していた。関西だと、疑問があればすぐに法隆寺や東大寺を見に行けたりするので、とても楽しかった記憶がある。その講義ノートも手もとに残っているので、必要に応じてまとめてみたいとも思っている。

　前作から丸3年が経ってしまったが、企画としては近代編と西洋編は同時進行していたものであり、時に中断しながらも、数年にわたって根気強くまとめる作業が続いた。収録情報の日付が古いのはそういうわけである。講義の内容は毎年更新されるため、順番を入れ替えたり、書き下ろしに近い加筆を行った回もある。その過程で足した「比較」という言葉こそが、本書の主人公になった。「比較西洋建築史」という言葉が当方の授業をうまく伝えていると思ったので、2020年度の授業より、大学での講義名も同じ名前に変更した。

　常に古きを温ね、自分のなかの建築地図を更新していきたいと思う。

2020年4月6日
中谷礼仁

★1　中谷礼仁『実況・近代建築史講義』(LIXIL出版、2017／インスクリプト、2020) p.18

収録情報

歴史は比較の実験である　書き下ろし

I 建築史のレッスン
第1回　世界建築史ゲーム 2つ以上の事物のあいだで　2015年4月9日収録
COLUMN 1 世界建築史ゲームの結果発表　2015年5月28日収録
第2回　伊東忠太の世界旅行 パルテノン×法隆寺　2015年4月16日収録
第3回　動く大地の建築素材 石×土×木　2017年5月11日収録

II 西洋建築を比較する
第4回　ギリシア建築と建築教育 ウィトルウィウス×現代建築学　2015年4月23日収録
第5回　黄金のモデュール ギリシア比例論×ル・コルビュジエ　2015年4月30日収録
COLUMN 2 オーディオコメンタリーを活用すべし　映画で見る建築史　書き下ろし
第6回　ローマ帝国の誕生 柱梁×アーチ　2015年5月21日収録
第7回　ローマ都市と世界 集中式×バシリカ式　2015年5月28日収録
第8回　修道院の誕生 古代末期×ロマネスク　2015年6月11日収録
第9回　建築の奇跡 ロマネスク×ゴシック　2015年6月18日収録
第10回　ゴシック建築を支えたもの 僻地×都市　2015年6月18日収録

III 漂う建築史
第11回　もどれない世界 ルネサンスのなかのゴシック 自然誌×操作史　2015年6月25日、7月2日収録
第12回　モダン建築史ゲーム 浮遊する建築様式のあとで 普遍性×固有性　2015年6月25日、7月9日収録

本書は早稲田大学創造理工学部建築学科の講義「西洋建築史」（担当：中谷礼仁）の2015年度（部分的に2017年度）における講義録音からその中心部分
を収録し、加筆したものである。実施した講義のうち以下の3つの回を割愛した。
・ガイダンス
・課題用映画上映とレポート提出（『グラディエーター』リドリー・スコット監督、2000／『薔薇の名前』ジャン=ジャック・アノー監督、1986）
・期末レポート&ノート提出、教員による添削後のインターネットを利用した総評回

講義情報

科目名（和・英）：比較西洋建築史 Comparative History of Western Architecture
担当者：中谷礼仁
授業形態：講義
単位数・区分：2単位・選択
授業の到達目標：歴史とは2つ以上の事象の間に発生する想像的時空のことである。その空間を認識するために、単なる
結果的事象のみならず、西洋建築を動かしてきた素因や、建築史という考え方が現実に与える影響までも配慮できるように
なること。その達成度は期末レポートの提出においてはかられる。本授業の到達目標は以下の通りである。
・地球的な視野と、地域に固有の歴史風土を理解する視点を、共に涵養する。
・建築・都市のデザインおよび芸術性に関する幅広い知識を身につける。
・関連する諸分野の知識を統合し、創造的な空間の提案をする能力を培う。
授業概要：ここでは主に西洋における古代（クラシック）から近世（ルネサンス）までの建築と、それに対する建築史の見方
を教える。建築史は17、8世紀以降に生まれた学問であり、当時までの建築の時間的な成り立ちを考えることによって、初
めて建築というかたちが現れてきたと言っていい。そこでの検討は、私たちにとっても大きな影響を与えているし、また事物
に対するさまざまな考え方があることを知ることができる。授業はコンピュータープレゼンテーションなどを用い、具体的な
建築を紹介し、同時にその見方、考え方をやしなっていく。また理解を助けるため、映画上映なども企画する。
教科書：
『西洋建築史図集』（彰国社）、講師作成のプリント
参考書・資料：
『図説年表 西洋建築の様式』（彰国社）、『西洋建築様式史』（美術出版社）など
評価方法・評価基準：
期末に授業ノートを提出する。やむをえない場合はレポートをもって代わりとする。ノートを採点対象とし、授業中の複数
の中間制作物での成績を加算する。

図版出典

本書作成にあたり、パブリック・ドメイン (PD)、クリエイティブ・コモンズ (CC) の図版を多く採用した。
CC の画像については、図版付近に著作権情報等を記載したが、下記にこれら PD・CC 図版の参照元 URL を記す。

I　建築史のレッスン

第1回　世界建築史ゲーム　2つ以上の事物のあいだで
fig.5右 https://commons.wikimedia.org/wiki/File:Lithographiae_
Wirceburgensis_1726_Tafel_03.jpg

第2回　伊東忠太の世界旅行
fig.1 https://commons.wikimedia.org/wiki/File:本願寺伝道院.jpg
fig.3 https://commons.wikimedia.org/wiki/File:Tsukiji_Hongan-ji_2018.jpg
fig.4 https://commons.wikimedia.org/wiki/File:TreeofArchitecture.jpg
fig.7 https://commons.wikimedia.org/wiki/File:Horyuji_Monastery_Sakya_
Trinity_of_Kondo_(178).jpg
fig.8 https://commons.wikimedia.org/wiki/File:Horyu-ji_entasis2048b.jpg
fig.11左 https://commons.wikimedia.org/wiki/File:The_Parthenon_in_Athens.
jpg
fig.11右 https://commons.wikimedia.org/wiki/File:Horyu-ji11s3200.jpg

II　西洋建築を比較する

扉絵 https://commons.wikimedia.org/wiki/File:Balbek._Colonnes_du_
temple_du_Soleil_-_Bonfils._LCCN2004668120.jpg

第4回　ギリシア建築と建築教育
fig.1 https://commons.wikimedia.org/wiki/File:The_Parthenon_in_Athens.
jpg
fig.4 https://commons.wikimedia.org/wiki/File:Parthenon-top-view.svg
fig.5 https://commons.wikimedia.org/wiki/File:Schema_Saeulenordnungen.
jpg
fig.6 https://commons.wikimedia.org/wiki/File:Balbek._Colonnes_du_
temple_du_Soleil_-_Bonfils._LCCN2004668120.jpg

第5回　黄金のモデュール
fig.5 https://commons.wikimedia.org/wiki/File:Da_Vinci_Vitruve_Luc_
Viatour.jpg

第6回　ローマ帝国の誕生
fig.1 https://commons.wikimedia.org/wiki/File:Terme_di_diocleziano,_
veduta_02.JPG
fig.3 https://commons.wikimedia.org/wiki/File:Theater_(Ostia_Antica).jpg
fig.4 https://lib.ugent.be/catalog/rug01:001637706
fig.5 https://commons.wikimedia.org/wiki/File:Hadrian%27s_Wall_west_
of_Housesteads_3.jpg
fig.9 https://commons.wikimedia.org/wiki/File:Acueducto_de_
Segovia_-_09.jpg
fig.13 https://commons.wikimedia.org/wiki/File:Timgad_Trajan.jpg
fig.15 https://commons.wikimedia.org/wiki/File:Pont_du_Gard_FRA_001.
jpg

第7回　ローマ都市と世界
fig.12上 https://commons.wikimedia.org/wiki/File:Fig_245_Old_St_
Peter%27s.jpg

第8回　修道院の誕生
fig.2 https://commons.wikimedia.org/wiki/File:St_gall_plan.jpg
fig.4 https://commons.wikimedia.org/wiki/File:Piranesi9c.jpg
fig.5 https://commons.wikimedia.org/wiki/File:Conrad_von_
Soest,_%27Brillenapostel%27_(1403).jpg
fig.6 https://commons.wikimedia.org/wiki/File:Astrolabium.jpg

第9回　建築の奇跡
fig.1 https://commons.wikimedia.org/wiki/File:St_Michaels_Church_
Hildesheim.jpg
fig.2 https://commons.wikimedia.org/wiki/File:Cardona,_castell_
PM_16289.jpg
fig.4 https://commons.wikimedia.org/wiki/File:Britton%27s_Architectural_
Antiquities,_1807_-_King%27s_College_Chapel_04,_Ground_Plan_-_
architecturalant01brit_0070.jpg
fig.5 https://commons.wikimedia.org/wiki/File:Dehio_48_Speyer.jpg
fig.6 https://commons.wikimedia.org/wiki/File:Saint-Etienne_Nevers_
Querschnitt.1.jpg
fig.8 https://commons.wikimedia.org/wiki/File:Speyer_
(DerHexer)_2010-12-19_025_adj.JPG
fig.9 https://commons.wikimedia.org/wiki/File:Durham_Cathedral._
Interior.jpg
fig.12 https://commons.wikimedia.org/wiki/File:Strebewerk-2.jpg
fig.13 https://commons.wikimedia.org/wiki/File:Cathédrale_Notre-Dame_
de_Paris,_east_facade_by_Édouard_Baldus_c1860s.jpg
fig.15 https://commons.wikimedia.org/wiki/File:Plan.cathedrale.Paris.png
fig.16 https://commons.wikimedia.org/wiki/File:Édouard_Baldus,_Facade_
of_Notre-Dame_de_Paris,_between_1851_and_1870.jpg

III　漂う建築史

扉絵 https://commons.wikimedia.org/wiki/File:The_Cathedral,_
panoramic_view_from_Vecchio_Palace,_Florence,_Italy-
LCCN2001700794.jpg

第11回　もどれない世界
fig.1 https://commons.wikimedia.org/wiki/File:Rome-Pantheon.jpg
fig.3 https://commons.wikimedia.org/wiki/File:Giorgio_Vasari_-_The_
Last_Judgment_-_WGA24313.jpg
fig.4 https://commons.wikimedia.org/wiki/File:Leonardo_da_vinci,_
argano_a_tre_velocità_di_Brunelleschi,_1480_circa,_biblioteca_
ambrosiana,_CA,_c._1083_v.jpg
fig.5 https://commons.wikimedia.org/wiki/File:Parco_dell%27anconella,_
ricostruzione_parziale_della_cupola_del_brunelleschi,_con_laterizi_
a_spina_di_pesce_02.JPG
fig.6 https://commons.wikimedia.org/wiki/File:The_Cathedral,_
panoramic_view_from_Vecchio_Palace,_Florence,_Italy-
LCCN2001700794.jpg

第12回　モダン建築史ゲーム
fig.6 https://commons.wikimedia.org/wiki/File:Laurentian_Library_
vestibule.jpg

モダン建築史ゲームカード
1 https://commons.wikimedia.org/wiki/File:Florence_2009_-_0952.jpg
2 https://commons.wikimedia.org/wiki/File:San_Carlo_alle_Quattro_
Fontane_-_Front.jpg
3 https://commons.wikimedia.org/wiki/File:HortaELWI.jpg
4上 https://commons.wikimedia.org/wiki/File:ETH-BIB-Crystal_Palace._
London-Weitere-LBS_MH02-42-0010.tif
5 https://commons.wikimedia.org/wiki/File:Wies_altar.jpg
6 https://commons.wikimedia.org/wiki/File:17-08-islcanus-RalfR-
DSC_3883.jpg
7 https://commons.wikimedia.org/wiki/File:Villa_Rotonda_side.jpg
8 https://commons.wikimedia.org/wiki/File:Atardecer_en_Bilbao.jpg
12上 https://commons.wikimedia.org/wiki/File:Boullée_-_Cénotaphe_à_
Newton_-_élévation.jpg
12下 https://commons.wikimedia.org/wiki/File:Étienne-Louis_Boullée_-_
Memorial_Newton_Day.jpg
14 https://commons.wikimedia.org/wiki/File:Yale-Center-for-British-
Arts-New-Haven-Connecticut-04-2014a.jpg
15 https://commons.wikimedia.org/wiki/File:Glasgow_School_of_
Art_40348.jpg
16 https://commons.wikimedia.org/wiki/File:Bécs_(2).jpg
17上 https://commons.wikimedia.org/wiki/File:Stadsbiblioteket,_
Stockholm.jpg
17下 https://commons.wikimedia.org/wiki/File:Stockholm_Public_Library_
January_2015_04.jpg
18 https://commons.wikimedia.org/wiki/File:Imperial_Hotel_FLW_12.
jpg
19 https://commons.wikimedia.org/wiki/File:Palazzo_della_civiltà_del_
lavoro_(EUR,_Rome)_(5904657870).jpg
20 https://commons.wikimedia.org/wiki/File:La_chiesa_di_San_Satiro_
a_Milano_nelle_sue_viste_esterne_e_interne_07.jpg

索引

実況・近代建築史講義

中谷礼仁＝著

『実況・比較西洋建築史講義』の姉妹篇。ルネサンスから現代まで、ブルネレスキから藤森照信まで、近代500年の建築史を全12回で駆け抜ける。早稲田大学ティーチングアワード総長賞受賞講義を実況収録。建築と建築様式の変遷、建築家たちがどのような課題に応え、どんな作品を生み出してきたのか、確かな歴史観の下にわかりやすく批評・解説する中谷建築史第一弾。版を重ねたLIXIL版の内容そのままに継続刊行。付録年表付。

A5判並製　208頁　1800円　ISBN 4-900997-82-0

未来のコミューン ── 家、家族、共存のかたち　3刷

中谷礼仁＝著

家＝人間と社会を調停する器、はいかに可能か。歴史を貫く共存の条件を探り、時空間を踏破して摑まれた経験知からその先のヴィジョンへ。著者の年来の営みを総括し、徹底した思考を家に向かってたたみかけた話題作。共同の場としての家の再創造を検討し、新たな社会像を示唆する渾身の思考。日本建築学会著作賞受賞。

四六判上製　320頁　3200円　ISBN 978-4-900997-73-8

[価格は税抜]

中谷礼仁 (Nakatani, Norihito)

1965年、東京生れ. 建築史. 早稲田大学創造理工学部建築学科教授. 大阪市立大学建築学科を経て, 2012年より現職. 2010-2011年日本建築学会発行『建築雑誌』編集長. 近世大工書研究, 数寄屋・茶室研究の後, 都市の先行形態の研究, 今和次郎が訪れた民家を再訪しその変容を記録する活動を経て, 現在長期持続集落研究・千年村プロジェクトを展開・継続中. 2013年にはユーラシアプレートの境界上の居住・文明調査でアジア, 地中海, アフリカ各地を巡歴. 建築設計も手がける. 2019年より生環境構築史をテーマに, 編集同人松田法子・青井哲人らと学際的Webzineを展開.

[著訳書]

『未来のコミューン──家、家族、共存のかたち』(インスクリプト, 2019. 2020年日本建築学会著作賞受賞),『動く大地, 住まいのかたち──プレート境界を旅する』(岩波書店, 2017. 2018年日本建築学会著作賞受賞),『実況・近代建築史講義』(LIXIL出版, 2017. 2020年インスクリプトから再刊),『今和次郎「日本の民家」再訪』(瀝青会名義, 平凡社, 2012. 2013年日本生活学会今和次郎賞, 同年第一回日本建築学会著作賞受賞),『セヴェラルネス+──事物連鎖と都市・建築・人間』(鹿島出版会, 2011),『近世建築論集』(アセテート, 2004),『幕末・明治期規矩術の展開過程の研究』(早稲田大学博士論文, 私家版, 1998),『国学・明治・建築家──近代「日本国」建築の系譜をめぐって』(波乗社, 1993), ジョージ・クブラー『時のかたち──事物の歴史をめぐって』(共訳, SD選書, 鹿島出版会, 2018)他.

実況・比較西洋建築史講義

発行日：2020年10月30日 初版第1刷発行
　　　　2022年 5月30日 初版第2刷発行

著者：中谷礼仁
発行者：丸山哲郎
発行所：株式会社インスクリプト
〒102-0074
東京都千代田区九段南2丁目2-8
tel:050-3044-8255　fax:042-657-8123
info@inscript.co.jp
http://www.inscript.co.jp/

企画・編集：北浦千尋
ブックデザイン：井川祥子
制作協力：(株)LIXIL
印刷：中央精版印刷株式会社

ISBN 978-4-900997-83-7

付録
実況・比較西洋建築史講義地図

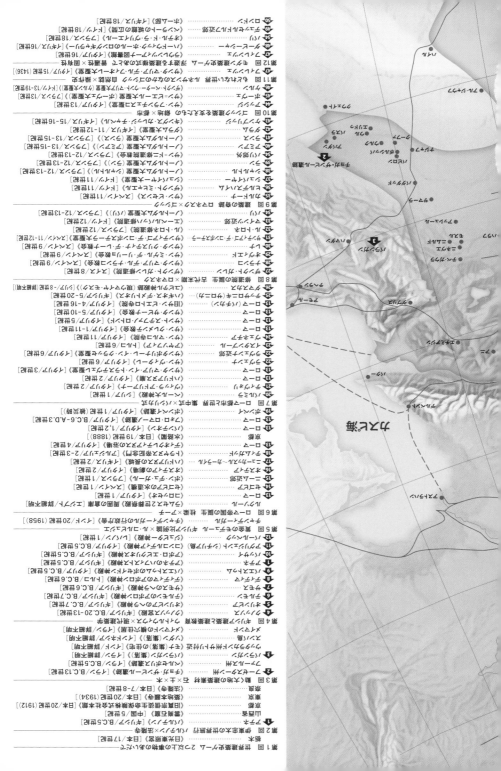